C3《シースリー》
COGNITIVE
CHALLENGE
COURSE

チームビルディング
C3 TEAM BUILDING

結果をもたらす「コーチング」と「リーダーの思考改革」

C3.Japan 合同会社 代表

小島圭市

KEIICHI KOJIMA

CROSSMEDIA PUBLISHING

はじめに
いま〝指導者〟が難しい時代

近年、いろいろとスポーツ界の不祥事が発覚しています。日本大学アメリカンフットボール部の悪質タックル問題、レスリング伊調馨選手に対するパワハラ事件、日本ボクシング連盟における内部告発と助成金の流用問題などを記憶しているみなさんも多いはずです。

東京オリンピック、パラリンピックを控えて、日本スポーツ界の膿を出そうという意識が働いたのかもしれません。

そんななかでスポーツを取り巻く環境——とくに指導者のあり方に対する問題意識が出てきた現状があります。私が育ってきた野球界でもそれは如実に存在し、とくに暴力の問題は根深いものがあります。

翻って、一般社会ではどうでしょうか。

近年ことにパワハラ、セクハラに代表されるように「○○ハラスメント」といった言葉がメディアを賑わせています。

以前なら取り上げられることさえなかった、上司や立場的に上位に位置する人からの言動が、モラルに反するものとして問題視されるようになってきました。

自分が上司や上の立場の人から受けてきた指導を、そのままいまの自分の部下に言っても伝わらない、通じないという嘆きもよく聞かれるようになりました。

そうでありながら、上司は部下のモチベーションが上がらないことを問題視して、若者の「草食化」や「○○離れ」にその理由を求めているような風潮もあります。

そのような上司に限って、**自らの指導力を省みることなく、相手にばかり理由を求めているこ**とも多いように思われます。

日本における問題点

私は、自身がプロ野球選手として活動し、アメリカ・メジャーリーグベースボール（MLB）の球団と長年にわたって関わってきました。

そして日本の野球界の問題点は、そのまま日本社会のあり方、企業のあり方にも通じることに気づきました。つまり、日本の社会や企業で起こっていることが、日本の野球界で象徴的に、かつ濃縮された形で問題として表出しているのです。

私は野球界において新しいメインストリームをつくるべく、コーチングやチームビルディングの手法を体系化していくことを目指しています。逆にいうと、これができれば、一般企業の組織の構築においても役に立つのではないかと考えました。

そこで私は〈コーチングイノベーション〉を掲げてC3.Japanという会社を設立し、スポーツチームや企業の組織に対してコンサルティングを行っていくことにしました。

本書ではC3.Japanが行う、チームビルディングやコーチングについての具体的な手法を、平易な言葉で解説・紹介しています。この考え方・手法を、Cognitive Challenge Course

の頭文字をそれぞれとって「C3」と呼んでいます。

スポーツ心理学に基づくコーチングやチームビルディングはMLBや企業、軍隊などでも実際に使われて結果を出しています。

私が提唱する「C3」はこの考え方を日本流にアレンジしたものです。スポーツチームの指導者やキャプテン、あるいは企業のマネジメント層など、指導的な立場にいる方々に向けて、日々の指導のヒントとなるものとすべくまとめてありますので、そうした方々のお役に立てれば幸いです。


まず第1章では総論として、チームビルディングやリーダーに欠かせない要素、スポーツ心理学を用いたコーチングによる組織の構築について、C3の手法の全体像を俯瞰しつつ解説していきます。

第2章ではチームに必要なリーダーのあり方について、第3章ではチームビルディングの根幹をなす要素について述べます。さらに第4章では、メソッドについて紹介していますが、第3章で述べた要素を満たすために行うべき具体的な手法について解説します。

第5章ではスポーツ心理学の見地からC3をともに推進してくれている、四日市大学の若山裕晃教授に日本のスポーツ界の指導者の問題点について語っていただく対談を収録しています。第6章では、C3のチームビルディングの手法を活用してできること、応用のための考え方について述べました。

本書では、今日からはじめられるメソッドについて紙幅を割いてまとめていますが、それが明日すぐに成果として現れるようなものではありません。しかし、「かけるべき時間をかけてでも現状を打破したい」と本気で考えている指導者の方々には、必ずや有益な考え方となると信じています。

本当の意味でこれからの時代を担う子どもや若者の将来のために本気で学びたいと思っている指導者の方々への応援の書となれることを祈っています。

C3.Japan合同会社 代表　小島 圭市

C3チームビルディング　目次

第1章 リーダーに"カリスマ性"は不要
――1人だけが率いる組織はもろい

第2章 新しい時代のチームビルディング

第3章 チームの力を最高に引き出すために

第4章 対談：日本は「遅れ」を取り戻さなければならない

序　章

あなたはいつから「リーダー」になるのか？

いまこそコーチングイノベーションが必要

戦後、日本はあらゆるビジネスの現場で、欧米の先進的なやり方を取り入れてきました。とくに先んじているアメリカのビジネスプランを日本に持ち込む「タイムマシン経営」のようなものも一時、流行しました。

スポーツの世界においても同じことが言え、サッカーやラグビーなど多くの競技で、先進的な取り組みを海外、とくに欧米から輸入しているケースが多々あります。

ところが、こと野球界に限っては、アメリカのやり方を学ぼうという姿勢はあまりみられず、個人的には日本の野球はかなり遅れをとっていると捉えています。

それを痛感したのが、私がプロ野球選手として活躍の場を求めて渡米したときのことでした。さらに、現役を退いた後にMLBの球団で日本担当スカウトとして13年務める中で、日本とアメリカの仕事のやり方の違いについて学んだことも、現在、私がコーチングイノベーションを提唱する礎になっています。

私がコーチングやチームビルディングに関心を持つようになったのは、自分の経験がベースになっているため、まずは私がなぜ現在のような考えに至ったのかについて、私の過去の経験からお話ししたいと思います。

日本とはまるで違うアメリカの取り組み

私は高校3年時に読売ジャイアンツの入団テストを受けて合格し、日本のプロ野球選手として8年間を過ごしました。その間は主に二軍暮らしで、一軍でシーズンを通して活躍することがなかなかできませんでした。

そのころは「なぜみんなと同じ練習をしているのに、自分は結果が出ないんだろう？」と、自分だって周囲に負けない実力はあるはずなのに結果がついてこないことに、ずっとモヤモヤしていました。

当時はまだ若かったので、そうした試練の乗り越え方もわからず、モチベーションが下がったり、ケガをしたりで結果が出ないまま、ジャイアンツを去ることになりました。

そのとき偶然にも、恩人との再会があり、それがきっかけで渡米するチャンスが巡ってきました。引き続き、プロとして野球で生きていくことを選択した私は、マイナー契約のチャンスをいただき、単身渡米することになりました。1996年9月のことです。

アメリカではまずテキサス州のテキサス・レンジャーズとマイナー契約しました。その年の前半にトミージョン手術（肘の靭帯再建手術）を受けていたので、リハビリ及びトレーニングを積み、メジャーリーグの球団と契約するチャンスを窺うことになりました。

いざ現地で野球をはじめてみると、日本で悩んでいたことについて日に日に答えが出てきました。「え？ そうだったの！」「なるほど、こうすればいいのか！」という発見にあふれた新鮮な毎日でした。とりわけチームのコーチからの言葉は、いちいち目からうろこが落ちるものでした。「日本では教わらなかったな」と感じました。

メジャーリーグのコーチはあれをやれ、これをやれと選手に指図することはありません。上から問答無用で指示するような雰囲気がまったくなかったのです。

欧米では、学年の差だけで上下関係に縛られる日本の部活動のような理不尽な上下関係はありませんし、**とにかく根性で乗り切ろうとするような精神論を持ち出されることもありません。**

医学や物理学、心理学などあらゆる科学的な要素やジョークを交えながらコミュニケーションを大切にします。さまざまな国から人が集まってできている国ですから、異なる文化背景を持つ人に納得してもらうには精神論では通じません。**科学的かつ数値でもって人を説得しようという文化**があります。

アメリカでも球団社長やGM（ゼネラル・マネージャー）といった上司が来ると、その場の空気が変わってピシッとした空気ができはするものの、それだけであとは普段通りです。若い人も「下っ端」ではなく、会議のような「意見を出しあうこと」が目的の場では、誰もが対等に臆することなく発言します。変に空気を読み、思っていることも言わない日本とは雲泥の違いがあります。

選手との契約の時もそうです。メジャーでは選手の代わりにエージェントが球団と交渉して、契約するかどうか詳細を決めます。ところが、日本ではよほどの有力選手でない限り、球団のほうが立場は上で、「契約してあげている」という意識ではないかと思います。

子どものころから縦社会に慣れていれば、そういうものかと思って疑問を持たないものかもしれませんが、私の場合は野球に限らず何事にも疑問を持つ子どもでしたので、大人に意見することもよくありました。

すると、「ガキのくせに生意気だ」とよくたしなめられたものです。「ガキのくせにというけど、じゃあ、いつになったら自分の意見を言っていいんだろう」といつも思っていました。そうして度々意見するので、親や学校の先生は、その点では苦労したはずです。

高校でも同じ縦社会のなかで過ごしたので、大学でまた同じことを繰り返したくはありませんでした。そこで、たまたま入団テストに合格してジャイアンツに入ったわけです。

ところが、プロに入っても、縦社会が当然のようにでき上がっていました。

一方、アメリカでも「コーチに言われたことをただやっていればいい」という選手はいましたが、それはごく一部で、他の選手は自分で考えて行動していました。二十歳そこそこの自分と同年代の選手が主体的に動いているのを見てあらためて自分を振り返ってみると、日本では言われたことをやっていればいいというロボットのような生活をしていたことに気づきました。

もちろん、アメリカにも差別など問題はいろいろあります。大っぴらに差別用語などを言うと問題になりますから、裏でわからないように差別的な発言をしたり、不公平な扱いをしたりします。私も「これがそうなんだな」と思うことも多々ありました。

ですから、日本とアメリカのどっちがいい国かということではなく、スポーツの環境においては、私の場合はアメリカのほうが合っていたし、あるべき姿なのではないかという思いがだんだんと強くなっていったのです。

コーチングのあるべき姿を見出す

とにかく、日本での不満や不安、不可解だったことが、オセロをひっくり返すようにすべて黒から白に変わっていくような爽快感がありました。それが当時の私にはとても心地よく、そのうち、コーチや監督などの裏方の仕事に興味を持つようになっていきました。

その後、台湾でプレーする機会をいただいたり、オファーがあったので再渡米したりしました。その後、プレイヤーとしての自分に見切りをつけて日本に戻り、会社勤めをしていたところ、MLBの球団からオファーがあり、日本担当のスカウトの仕事をすることになりました。

これが次の転機になりました。

現役時代はアマチュアの野球を見る機会がまったくなかったのですが、スカウトになってからは、日本全国を回って選手を視察するようになりました。

そうして見ていると、高校でも大学でも、私が10代で経験したのとまったく同じような光景がありました。同じような練習をして、同じような上下関係があり、同じような怒号や罵声が飛び交っていました。

チームの監督やスタッフ・関係者に挨拶し、選手と話をさせてもらいますが、「どう？楽しい？」と聞いても「いや、別に……」という感じです。「いまの練習は、どんなことを考えてやっているの？」と尋ねても「いや、やれって言われたからやってます」。簡単に言うとこんな感じです。

正直なところ彼らが、野球を楽しんでいるとはあまり感じられませんでした。もちろん、選手たち全員が楽しんでいないというわけではありません。なかにはそんな環境でも自分で目標を持って、自分なりに考えて練習をしている選手はいて、その結果、成長を実感して楽しんでいる人もいます。ただ、それは私が見た限りごく少数です。

楽しくもないものをずっとやっている。どこかで楽しめる時が来るのを期待して、いまは我慢の時と思ってがんばっているかもしれませんが、私の経験上、その時はいつまでも来ません。無理に「楽しい」と自分で思い込むしかないのです。そう思うと、日本の野球選手たちがとてもかわいそうに思えてきました。

何年もスカウトの仕事を続けていくうち、その思いはどんどん積み重なっていきました。

楽しめない野球をやっている子たちをどうにかできないかと、スカウトをやりながら日本国内で小ぢんまりとセミナーを開催するなどして自分の思いを伝えていきました。

そうした活動を続けていると、よりはっきりと日本の野球界の問題が見えてくるようになり、次第に「自分は育成やコーチングにシフトしていくべきではないか」と考えるようになったのです。それがいまC3に帰結したということです。

その後、私が感じた日本の野球界の問題は、一般企業にも通底するものがあると感じるようになりました。メンタルトレーニングや心理学の必要性を感じ、本書で対談する若山先生とともに組織を活性化するコーチング、チームビルディングの要素も加えて組織化して、現在に至ります。

アメリカでスポーツ心理学を応用したチームビルディングの手法に出会ったからといって、「なんでもアメリカがいい」と言うつもりは毛頭ありません。あるべき姿を模索したとき、身近に見本があったまでです。

それにアメリカの手法といっても、全米で統一された手法があるわけではなく、さまざまな考え方から、その一部を取り込み、日本的にアレンジして適用を図っているのがC3の手法です。いいかえれば、現地の手法を和風にしたものがC3なのです。

「リーダーは1人」の限界

いまのビジネスの現場は、かつての「俺についてこい」式のリーダーシップではなかなか結果が出なくなってきました。新しいチームビルディングや新しいリーダーシップを模索している時代であり、転換期だと言えます。

これからは、誰かカリスマ的な能力を持つ1人のリーダーが全体を引っ張っていくというやり方では、時代の変化の大きさや速さについていくことができなくなるでしょう。**自立・自律した個人が主体的に物事に取り組んでいくこと**でしか、この時代の大きなうねりを乗り切ることはできません。

すなわち、メンバー一人ひとりが個人の確立された〈リーダー〉となって、チームに参画することが求められます。「個」が重要だということです。

そうした〈リーダー〉が多く存在するほど強いチームとなるのです。

ところが、この変化への取り組みは、遅々として進んでいないように見えます。

いまだに年長者、立場が上の人が意思決定したものをトップダウンで部下に指示しています。これまでは、そうした行動様式である一定の成功を収めてきた経験があるので、その成功体験からなかなか抜け出せないのでしょう。

メンバー一人ひとりが〈リーダー〉となっていくので、上の立場の人と下の立場の人の関係性も変わらなければなりません。

これまでのリーダーは「上の立場となって、下の人を教え導いていく」のが役割でしたが、これからはそこを変えていく必要があります。

対等であることもあれば、リーダーや上司といったカテゴリーに当てはまる人が、「下」に位置する場合もありえます。ここで示す「下」とは、支えたり支援したりする立場になるということです。

「変える」ことへの抵抗が生んだ弊害

アメリカの野球界でも、かつては日本と同じように暴力や暴言が飛び交う状況もあったようですが、彼らは変革を行ってきました。

彼らには変化を厭わない国民性が備わっています。まず改革して走りはじめてしまう。走りながら修正を加えて、よりよいものにしていこうとする考え方があります。それはアメリカ大陸を一から開拓してきた彼らの伝統なのです。

一方で、日本野球界が変わらずにこれまでやってきたのは、**そもそも人は「変化しないのが最もラクであるから」**です。何かを変えると、それによって新しい技術習慣を習得しなければならなかったり、適応するためのトレーニングが必要になったりします。

現状がそこそこうまくいっている場合には、変えることで悪くなるリスクも抱えることになります。それは不安に違いありません。

それでも変わらざるを得ないのは、日本の場合、外圧があったときです。

明治維新のときもそうですが、現代でもそうです。「海外ではこういう情勢だ」「こう変えないと世界から取り残される」という危機感が芽生えてはじめて新しい技術を導入しようとするようなところがあります。一般企業の方のほうがそういう危機感は強いでしょう。たとえば、かつての会社でも、1人に1台パソコンが与えられるようになったとき、40～50代の社員のなかには「俺はあと数年、手書きで過ごすんだ」などと頑なにパソコンを拒否していた人がいました。いまも「俺はガラケーで行く」と粘っている人がいます。業務上の必要に駆られて否応なしに導入させられ、「できなければクビ」となってはじめて渋々変わろうとするところがあります。

ところが、世界の野球界を見てみると、単に若い選手同士が交流するのが活発になっているだけで、そうした外圧がかからない環境になってしまっています。野球が国際化しているといっても、国際大会が開かれるようになっただけで、依然として各国が国内リーグを争っているだけです。

サッカーやラグビーは世界で勝てないと国内のリーグは盛り上がらないので、日本代表が強くなるために、国内リーグに所属するチームは積極的に海外から学ぶのです。ところが、日本のプロ野球は国内の市場で完結することができるので、海外のトレンドに影響されません。「井の中の蛙」なのに、それに気づかず自分たちが世界のトップを走っている気でいますから、いまのやり方を変えようともしませんし、海外から学ぼうという気すら起きないというわけです。

こういうと「日本の野球界なりの伝統があるのだ」という人が必ずいます。伝統を大事にすることはいいことですが、その伝統の捉え方が問題です。

伝統の継承とは、昔からやっていることをそのままやることではありません。その時代に合わせて少しずつ変えていくのが伝統です。昔から行っていることのうち「残していきたいもの」こそが伝統であり、**やめるべきものと、形を変えながら残していくものを取捨選択すること**が大事です。

たとえば伝統文化として多くの人が真っ先に思い浮かべる歌舞伎がまさにそうです。歌舞伎はそもそも流行を取り入れることで現代まで存続し、進化してきました。せり上がりの舞台から役者が出てきたり、ワイヤーを使って宙を舞ったりするのです。

歌舞伎界が江戸時代のやり方に固執していたら、とうの昔に消滅していた可能性もあるでしょう。いまでも日本の伝統文化として歌舞伎が人気あるのは、時代に合わせて変貌していったからです。

科学的な知見を取り入れたコーチング

C3が掲げる〈コーチングイノベーション〉は、野球界に対してのみならず広く一般社会に対して、チームビルディングや心理学の理論を適用したコーチングをしていこうとするものです。

ＭＬＢの球団では、すでに20年以上前から選手のマネジメントに心理学を取り入れています。ゲームの中でのメンタルを支え、競技を続けていくうえでの精神衛生も整えていこうということで、科学的な知見を応用しています。

最初はある1つの球団からはじまったものが、いまではＭＬＢ30球団すべてで導入されています。最初に導入した球団で結果が出たからなのか、時代の要請があったからなのか、本当のところはわかりません。しかし、いまでは全球団が導入しているということが、スポーツに心理学を適用することの効用を示しているのではないでしょうか。また、ＭＬＢだけでなく、ＮＢＡ（バスケットボール）やＮＨＬ（アイスホッケー）、企業や米軍などでも活用されていることは、応用範囲が野球だけではないことを証明しています。

心理面へのアプローチが、選手が競技を楽しみ、成長を実感して充実感を得ることにつながります。これは日本でも実行されるべきなのですが、日本では心理学的な取り組みはあまり行われておらず、行われていても、単に専門家がパートタイムのスタッフとして名前を連ねているだけだったりします。結果、現状として米球界とは力の差がどんどん広がっていると私は感じています。**日米間での取り組みの差がそのまま実力の差**となって表れているのです。

コーチングに心理学という新しい風を吹かせることで、チームビルディングに寄与していくことができ、それがチーム力向上につながると私は考えます。

組織が変革されたことで人間も変わっていくケースがあれば、人間が変わることで組織も変革されていくということがあります。ただ、日本では人間が変わっても組織を変えるのは並大抵のことではありません。だいたい道半ばで潰されてしまうのがオチです。

多くの人は変化のリスクを過剰に見積もってしまうし、既得権益を得ている人たちは変革を過剰に警戒して抵抗しようとするからです。「失敗しないのが成功」という雰囲気が、蔓延していますし、「だったらやらない方がいい」という社会の構造です。そうした理由もあって私はC3Japanを立ち上げることにしたのです。

「C3」とは心理学を取り入れたコーチング

私はアメリカ、または他の諸外国のようなスポーツのシステムを日本的にアレンジして導入したいと思っているのですが、ずっと日本にいて変わらない伝統をそのまま継承して食べていける人たちにとっては、現状を変革しようとする試みは大きなお世話としか映りません。

変わらない伝統をそのまま継承して選手（とくに子どもたち）が幸せになればいいのですが、そうはなりません。だからこそ、新しいフィールド、カテゴリーをつくるという意味も込めて私は活動しているのです。

スポーツでも企業でも、はたまた教育現場でも、監督・管理職・教師といった指導者だけが幸せであってはいけません。その場に集うメンバー全員の幸福を追求する必要があります。その目的のために指導者が担っている役割はとてつもなく大きいのです。

私たちが活動しているC3のネーミングのもとは、やはりアメリカにあります。

C3とはCognitive Challenge Courseの3つのCを取ったものです。もともと、あるメジャーリーグの球団がC4という名前で、スポーツ心理学をベースにした指導をはじめました。Cognitive Challenge Courseにそのメジャー球団のホームタウンの頭文字のCを取って4つのCとしたのです。

私たちはC4をはじめた当事者に相談して、最初に入っていた地名のCを取り払って3つのCとしました。

Cognitiveとは心理学でよく使われる用語で「認知」を意味します。人間の認知の仕組みをよく理解したうえで、育成や指導に活かしていくということ。Challenge Courseとは、そうしたプロジェクトの総称です。

要は、心理学をスポーツに適用して生まれたのがC4ということです。

それは1980年代にはすでにはじまっていました。C4の考案者は、アメリカの軍隊やIT企業など多くの企業、あるいは病院などで「組織をどうすればうまく動かせるか」ということについて、レクチャーを行うために派遣されていたようです。その活躍が先ほども触れたMLB球団の知るところになり、野球界にも応用されるようになったということです。

この球団でも、技術的にも体力的にも申し分ないのになぜか活躍できない選手を分析すると、メンタルに問題がある選手が非常に多いことがわかったのです。そこでメンタルケアの部門を常設することになり、そこで心理学を活用した処方箋を考えて行った結果、チームは徐々に好成績を残すようになりました。

2000年代は、心理学が脳科学と同期しながら学問としてのレベルが飛躍的に高まっていた時代でもありました。

私はそれを見ていて、「これはおもしろい、日本にも導入しなければ」と思いました。それが2010年代に入ってのことでした。

私は私でそれまで人間の行動原理や体の構造、脳科学などを独学で勉強していました。それが結果的にスカウティングに非常に役立ったのです。

仕事柄、選手を自由に見ることができたので、選手がなぜ現状の実力にとどまっているのかの仮説を立て、それが当たるケースと当たらないケースとに分類し、分析をすることで、選手がその後、どんな選手生活を送るかわかるようになっていきました。その経験値が私の中に貯まっていったのです。

たとえば、「この子は1年後こうなって、2年後、3年後こうなって、こうなるよ」といったことがその通りになるので、「なんでわかるのですか？」と周囲が驚くようになっていきました。「5年後にケガする」などを言い当てたこともあります。**精神論や経験主義的な発想でなく、科学的な手法を適用させる**ことがいかにスポーツの上達に寄与するかを実感していたので、そのひとつとして、心理学についてもすんなりと自分の中に取り入れることができたのです。

どのようにチームが変わるのか

心理学を取り入れたコーチング、チームビルディングを用いると、まず単純にそのチームの雰囲気ががらっと明るくなります。

メンバー間のコミュニケーションも取れるようになるし、言われて動くのではなく、自分でも考えるようになるので、指導的な立場の人からの要求に応えるだけではなく、自分の意見も自然としっかり持てるようになっていきます。一方通行ではなく、相互のコミュニケーションができるようになり、風通しのよい組織になっていきます。個人としてお互いが尊重される組織にもなっていきます。

その過程で、メンバー個人は否応なしに「自分の意思」を持つことになります。

これまでは「お前は言われたことをやっておけばいい」と言われていただけですが、「お前はどう考える？」と意見を求められるからです。

いままで動かされていたところから、自分の意思を持って行動するようになる。それはスポーツの場面に留まらなくなり、日常生活にも跳ね返ってきます。要は「人をつくる」ことになるのです。

まずはアクティビティを行う

C3が行うチームビルディングの過程においては、「アクティビティ」というレクリエーションを行います。

詳しくは後の章に譲りますが、アクティビティは上司が上から「お前たち、これをやりなさい」と言って指示するものではなく、指導者や上司も一緒に行います。

アクティビティとは一言で言えば、「コミュニケーションを前提とした共同作業・ゲーム」と言えます。たとえば、ジェンガと縄跳びを組み合わせて行うゲームなどが挙げられます。

参加するメンバーは、活性化したいグループに所属する人たちだったり、いままで話したこともない別の部署の人を入れたりすることもあります。

アクティビティのときは「上下関係を意識しない」ことが大切です。もちろん無礼講というわけではないのですが、会社組織なら上司部下といった上下関係を意識しないようにする必要があります。

その場だけはフラットな関係となってはじまり、作業が進んでいく中で徐々に役割分担が自然とできていくようになるのが理想です。全員が自然と協力するようなものがベストだと言えます。

実際普段は部下の立場の人が、上司に当たる人に向かって、「違う違う、もっとこうやって！」と指示したり、リードしていく人が出てきたりします。普段はおとなしくて、与えられた仕事を黙々とやる人だと思っていたけれど、実は人を動かしたらうまいということがよくあります。切羽詰まった状況になると、その人の地の部分が出てくるのです。そうしたことがわかることが、アクティビティを行う目的です。

アクティビティが終わった後は「フォローアップ」という振り返りを行います。これがアクティビティ以上に大切です。

たとえば、「どうだった？」「なんでうまく行ったの？」という具合に問いかけ、「1回目、2回目は失敗したけど、3回目でうまくいった」「ぼくが彼にこういうことを言って、理解して、あ、そうかとなって、こうするようにした。それからうまくいくようになった」という具合に、結果とその要因について、その場でそれぞれがそれぞれの立場からプロセスを分析していきます。

何か共通の目的の作業を達成するために、メンバーのなかで自然と役割が決まっていきます。目的はあってもなくてもかまいません。目的がある場合は、その目的の達成のためにみんなで協力することになりますが、達成したからよくやった、できなかったからダメだったというものではありません。アクティビティ自体の目標は、「相互理解」と「コミュニケーション」の充実にあるからです。

ゲームの目的を達成しようとする過程で醸成されるものが大切なのです。

私が所属していたMLB球団では、練習なしで一日中、アクティビティとフォローアップだけを行うこともありました。

MLB球団に所属する選手・コーチは、育った国も言語も、年齢もチームにいる年数も違います。誰がどんな人なのかわかりませんから、アクティビティをすることで相互理解していきます。

すると、コミュニケーション能力が大きく向上していき、挨拶もしなかった選手やコーチたちが次の日からお互いに自然とコミュニケーションを取るようになって、積極的に練習しはじめるのです。ちょっと日本では想像つきませんよね。

ビジネスの現場は、本来は自由に意見を言っていい場なのに、日本ではオフィスでの上下関係を持ち込んで空気を読んでしまい、言いたいことも言えないということがよくありはしないでしょうか。

「君たちも自由に発言していいんだ」と言われるけれども、なかなか言えない。そうなってしまうのは、上司部下の双方に原因があります。

上司は決済権や人事権があり、誰にどんな仕事を任せるか、どんなポジションを与えるか、生殺与奪の権利を持っているので、何も言わなくても部下に従わせることができる。一方で部下は、それがあるから過度に空気を読む。**面倒くさいと感じるため、本当は自分の意見を言っていい場でも、過度に忖度してしまって自分を出せません。**「失敗しないのが成功」という文化で育ってきていると、何か下手なことを言って評価を落とすより、黙っていたほうが得策だということなのでしょう。

こうした状況であっても、アクティビティとフォローアップを行うことで深い相互理解が進み、意見を言っていい場と空気を読むべき場の区別を判断できるようになり、どこまで言っても許されるかの一線もわかるようになります。

コミュニケーションが活発化され、単にメンバーの寄せ集めにすぎない「グループ」から、目的を共有し、協力し合い、競争し合い、意見を遠慮なく言い合うことのできる

「チーム」へと変貌を遂げていきます。

次章からはいよいよ私たちが意図する〈コーチングイノベーション〉がどのようにチームをつくりあげていくかについて、具体的に述べていきたいと思います。

第 1 章

リーダーに“カリスマ性”は不要

——1人だけが率いる組織はもろい

リーダーの資質とは

スポーツのチームでも企業の部署でも、強い組織には必ずよいリーダー（＝指導者）がいます。

ここでいうリーダーとは、監督・コーチや上司といった指導的な立場にいる人だけでなく、主将とか副主将、主任や課長といった現場をリードしていく人のことでもあります。

かつてのリーダーのあり方は、「俺についてこい」といった経験主義的な手法で発揮されることが多く、それを下の人たちも望んでいるようなところがありました。ところが、いまはそれだけでは指導は難しくなってきています。

これまでのリーダー像は、先見の明があり統率力があって、方向を指し示し、先頭に立ってメンバーを先導していくものでした。その人がとくに優秀だった場合、カリスマとして持ち上げられていました。

そうした場合、リーダーとメンバーとの間には大きな能力的な差があり、関係性としてある意味で断絶していました。しかし、**リーダーを超越したカリスマは、周りに圧迫感を与えるような存在であるなら、実は害悪のほうが大きくなります。**

「この人はすごい人なのだ」と評価されている人はいますが、その人の指示に従うかはまた別の話です。すごい人がすべて正しいわけではないからです。

そうしたこともあり、「これからの時代は、こんなリーダーが求められる」なんて言い方がよくなされます。「その時代にあったリーダー像がある」というのです。

しかし、私は「時代に合ったリーダー」という絶対的な考え方はしません。

リーダー論に関しては「こうあるべき」というものはないというのが私の考え方です。

昔ながらのリーダーがいてもいいし、現代風のリーダーでもいいし、それをミックスしたリーダーがいてもいい。バリエーションがあっていいのです。

リーダーとは、文字通りリードする人という意味です。リードするのは物事そのものであって、メンバーではありません。

誰かカリスマ的なリーダーがいて、下の人たちに方向性を示して主導していくのではなく、10人のメンバーがいたら10人がそれぞれの能力を活かせる役割・ポジションを与えられて、そのなかでそれぞれリーダーとして振る舞うこと。これができたら、そのチームは想像以上に強いものとなるでしょう。

全員がリーダーになるわけだから、その資質は問われません。

それぞれに器の大きさ、キャパシティはあると思いますが、向き不向きはありません。

「みんながリーダーになれるよ」ということ。もっと言えば、「みんながリーダーになるんだよ」ということです。

「みんながリーダーになるんだよ」というときのリーダーは、従来型のリーダーではありません。他人に言われて動くだけではない、一個人として確立しているという意味です。

そこには自分の能力や役割をわかったうえで、役割を与えられて、それを責任持って果たすという意味も含まれます。

これからはメンバーが底上げされて、従来型のリーダーに近い位置にいて活躍する〈リーダー〉になり、そこから自然発生的に指導者としてのリーダーが生まれます。

〈リーダー〉とリーダーの関係は格段に近い存在になります。

以降はこの〈リーダー〉を「リーディングパーソン」と呼び、指導者としてのリーダーをそのまま「リーダー」と定義して以降の話を進めていきます。

個人が確立している人が集まると強い

ひとりの人間が一個人として確立して、自立的かつ主体的に動く。ビジネスでもスポーツでも、そんな個人が集まったチームは強いに違いありません。

会社員でも一個人として確立していなければいけないということが、もう何年も前から言われています。その必要性を感じないまま、レールに乗ったまま人生がうまくいく人もいます。それはそれでいいのですが、それでうまくいく人はこれから格段に減るだろうということは容易に想像できます。

この点、欧米の個人主義が強いのは、そうならざるを得ない理由があるからです。とくにアメリカは日本と比べるとセーフティネットが少なく、社会から守ってもらえないため、生き抜くためには自分で自ら強い個人にならなければならない社会です。

一方、日本人は歴史を遡ってみても封建的な主従関係が結ばれる時代が長く続いたために、支配されることに慣れてしまってそれが心地よくさえあるようです。誰か偉い人とか頭のいい人に先導してもらい、ついていけばいいだろうと思っています。

これからグローバル化だけでなく、ＡＩ社会になっていくなかで、言われたことをするだけの人はどうなっていくのでしょうか。言われたことをする方が性に合っているという人もいますが、人は変化していきますから一生その性分で過ごすとは限りません。

人格形成においては、もともと持って生まれた遺伝的な気質ももちろんあるけれども、生まれたあとの環境の影響のほうがより大きいのではないかと言われます。私もその意見に賛同します。**先天的な資質よりも、後天的な環境の影響が強い**のです。

アメリカで生まれたアメリカにいる日本人同士の夫婦で生まれた子どもは、いわゆるアメリカ人になっていくし、逆に日本で生まれたアメリカ人同士の子どもも日本で育つと日本人の性質を備えていくようになることがわかっています。

いまどき大学を出ていないといいところに就職できないと言われ、レールに乗せられて就職していきますが、必ずしもそれが自分に合っている道かどうかはわかりませんし、環境によって人は変わりもします。少し話が逸れますが、私はこれまで野球を通して多くの親子を見てきましたが、親が子に干渉するシーンが多く見受けられ、これを〈超過保護大国ニッポン〉と捉えています。本来、**自分の人生は自分で決める**べきなのです。

「自分にはこの道しかない」とついつい考えがちですが、そんなことはありません。選べないのは親だけで、ある程度の年齢になったら、その他の環境は自分でいつでも変えられるのですから、自身で切り拓く道を自分で選べばいいのです。

レールに乗っているほうがある意味ではラクで、自由に生きようとすると最初はしんどいものです。しかし、自分を確立して生きることが板についていけば、決断力や行動力が身につくので、いちいち悩んだりすることが減ります。

私もそうでした。ＭＬＢ球団のスカウトを辞めて個人で仕事をはじめたとき、何から何まですべて自分でやらなければなりませんでした。収入のあるとき、ないときがあるし、最初は何もかも大変でした。

ところが、自分が志した道を進んでいるという充実感があったので、誰かをうらやむことや、比較することはありませんでした。また、誰かに何かを言われてブレることもありませんでした。したがって、不安になったり悩んだりすることもなく、気持ちはどんどん充実していきました。

自分が変わることで環境を変えようとする人もいれば、自分を変えるために環境を変える人もいますが、後者の場合でも、目の前のことに必死で取り組んでいけば、確固たる自分が自然と形作られていくものです。

いずれにせよ誰がなんと言おうと自分が志向する道を進み続けられる人は、一本筋の通った強さがあるのです。

選手や部下はパワハラ指導では伸びない

これからは組織のメンバーはみな「リーディングパーソン」になっていくことを目指すわけですから、それを率いる指導者としてのリーダーも当然、変容を余儀なくされます。

これがもっともひどい形で存在しているのが、日本の野球界の監督・コーチたちです。私から見て、日本の野球界には尊敬できる指導者が少ないのが実際です。まさかと思うでしょうが、いまだに暴力もあるということさえ耳に入ってきます。

いまは何でも動画にされてしまう時代なので、表立ってはやりませんが、少なくない指導者が、見えないところでいまもパワハラ指導やパワハラコーチングをふるっているのです。残念ながら、これは私が実際に見聞きしてきたことです。

立場が上であることを利用した指導をする本人は、悪いとも思っていないようですし、親の意識も問題です。「ちょっとぐらいの暴力ならしかたない」と考えている親もなかにはいます。自分ではしつけできないから、野球部で厳しく指導してもらったほうがいいとか、経済的な余裕はないけど野球推薦が得られれば、有名高校や甲子園に出られる高校に入れて、大学進学もできるからと、「殴られても野球部を絶対に辞めるな」と子どもに言い聞かせている親が実際にいるのです。親が問題視しないので、指導者のなかには安心してパワハラ指導をしている人もいるほどです。

実際にそうした親に私は問いかけたことがあります。

「お母さん、我が子が殴られてもいいんですか？」。すると、「いや、それでプロに行けたらラッキーじゃないですか」と言うのです。「大人になったら子どもさんを苦しめることになりませんかね」と言っても「でも、本人が野球を好きでやっているから……」と言うのですが、結局、子どもはやらされているのです。

「お金がなくてバカだったら、殴るしかないんですよ。この野球で一縷《いちる》の望みをかけて、プロにでもなったらアメリカンドリームじゃないけど、ジャパニーズドリームはあるんですよ」と言うお父さんもいました。

明るみになる部活動での暴力は、ごく一部のひどかった案件のみ。しかも報道されるのは夕刊紙や週刊誌などスポーツ紙以外の媒体です。なぜなら、鉄拳制裁を記事にしたら、その後の取材ができなくなるから触れられないのです。報道されないものは、世間的にならなかったことになってしまいます。

そうして育った選手が引退して指導者になると、自分が受けた指導をそのまま踏襲したコーチングをするようになります。「選手のためにはしかたないこと」と正当化する人もいれば、確信犯的に悪いことだとわかっていながら続けている人もいます。パワハラコーチングで選手の技術が上がったりうまくなったりすることはありません。

暴力がどれだけ問題のある行為なのか、選手が告発するべきなのですが、それがなかなかできないのは、選手自身の問題意識が低いからです。子どもの頃からずっと同じ調子で育ってきているから、疑問にも思いません。感覚が麻痺してしまっているのです。被害者はいつも選手です。それぐらい野球界の暴力の問題は根深いのです。

指導者のほうも、自身が鉄拳制裁で育っているから、指導方法としてそれしか知りませんし、それがいいと思っています。**他の指導法がいいということになると、自分を否定することになる**と思い込んでいるのです。

会社でも同じようなことがないでしょうか。

社長や営業部長がたたき上げで育ってきた人たちだと、「俺はこうやって結果を出してきたんだから、お前たちもこうしろ」とか「昔はこうだった」と指導します。自身がパワハラを日常的に受けてきたから、同じように社員に接します。

しかし、当たり前ですが、鉄拳制裁やパワハラに頼らない指導法はあります。要は**指導者が指導法を学んでいない**のです。


日本の野球の指導者は「効率的」という言葉を非常に嫌います。腕が折れても歯を食いしばって泥臭くやるものだと思い込んでいるので、効率というと何か近道をしているような、ズルをしているような感覚に陥ってしまうのでしょう。

効率的にやって短い時間で結果が出たほうが、余った時間でさらに成長することができるので、本来はかなりいいはずなのです。


これもよくある誤解ですが、「アメリカってあんまり練習しないんでしょ？」という人がよくいます。たとえば、ＭＬＢのチームで2月中旬からはじまるキャンプはだいたい午前10時から昼までで終わりますが、それはチームの全体練習の話です。実際には、選手たちはその前後でかなりの時間を個人練習に割いています。野球は個人競技の要素が大きいからです。

にもかかわらず、メジャーの選手が上手いのを「DNAが違う」とか、「体格や骨格の差」とか、「ハングリー精神」とか、果ては「狩猟民族だから」というよくわからない理由をつけて誤魔化しています。

彼らはいかに効率よく結果を出すかについて、科学的に考えて自ら行動しているのです。以前はチームの勝利を優先していましたが、いまは科学的に考える理由は、選手の能力を引き出すためでもあります。日本の野球が差をつけられてしまうのはある意味で当然です。

日本の企業でも、効率的に仕事をするのが、まるで悪いことのような風潮が一部に残っていないでしょうか。そこを転換していくことがいま、求められているはずです。

これからのリーダーが求められること

かつてのリーダー像を引き継いでしまっている指導者は、今後、必要ではなくなります。リーダーはまずメンバーのよき理解者であること。自分主体の理解でなく、相手の年齢が10代なのか20代なのか、それとも30代なのか。それぞれのバックグラウンドを理解していくことです。

それができずに自分の立場からでしか相手を見ることができないと、相手の「できないこと」ばかりが目につき、常に叱っていなければならなくなります。

相手の立場に立ってみて、相手がどう感じているか、どう考えているかを、その人の性格も含めて理解しようとすることです。相手の気になる言動は、これらのことが土台となって表出しているからです。ですから、相手がどう感じているか、どう考えているかを理解していなければ、その人の言動の真の理由はわかりません。

たとえば、会議中にスマホばかりいじって話を聞いていない社員がいたとしても、「お前、何やってんだ！」といきなり怒るのではなく、「彼は会議に飽きてきたんだな」とか、

「何か大事な連絡が入る予定なのかもしれない」とか想像を働かせて、考えられることが大事です。

相手に「何か事情があるのかもしれない」と想像すること。そうすれば、「あと10分で終わるから、もう10分だけ集中してくれ」とか、「何か大事な連絡が入る予定なら、いったん抜けていいよ」と言えます。

こうした分析ができない人が、いまの指導者には多いのです。

自分たちが部下の時代はアゴで使われてきたのに、いざ自分が上の立場になったら、下に気を遣わなければいけないのは癪《しゃく》にさわるという人が多いのですが、そんなことは相手には何の関係もありません。

「相手の立場に立つ」とは、相手のご機嫌を伺うことではありません。単に気を遣うというのでもなければ、相手に迎合することでもありません。

人は誰でも自分の主観的な世界を生きています。外界から五感で刺激として受け取る情報、すなわち見る光景、聞く音はすべて同じですが、それを個々人の脳が受け取って感じるときには、まったく同じものにはなりません。

人の数だけ感じ方があります。つまり多様性があるのです。

ある人は物事の全体を総合的に捉えますが、ある人は物事の一部しか見ません。物事を論理的に考える人もいれば、感情的に捉える人もいます。

物事をどのように捉えるかは、その人の過去の経験が影響しますし、立場によっても変わります。捉え方が変わるから、判断も人によって違ったものになるし、その後の行動も差が出ます。

このように、「**人間が違えば、相手は自分とは違う世界を見て感じている**のだ」ということを理解することがまずはじまりです。「相手を理解するのは、そもそも難しいものなのだ」という、基本的な人間理解が指導者には必要なのです。

自分の知っている情報やこれまでの経験に頼らずに、教えてもらうつもりで相手の事情に耳を傾けなければなりません。

リーダーに必要な温厚さ、冷静さ

リーダーとしては、やはり情熱を持ってメンバーに対してほしいものですが、その表現の仕方が問題です。

一般的な傾向として、若い指導者の場合、情熱はあるのですが、その反面、温厚さというか懐の深さに欠けるところがあります。その点、年配の人のほうが「この人に預けておけば大丈夫」といった安心感は与えるはずです。

情熱のあまり、強い言葉、大きな声で相手を叱咤激励することもあるでしょう。しかし、そうした激情型の接し方は、短期的には効いても長期的に見るとだんだん効果が薄れてくるものです。

強い言葉、大きな声は、受け取る側が慣れるものだからです。慣れていくと効かなくなっていきます。すると、リーダーはより強い刺激に頼るようになります。最終的にはそれが暴力という手段に向かいます。

ですから、**リーダーは強い刺激に頼るのではなく、理でもって相手を諭していく必要が**

あります。普通の調子で言っても相手に伝わるようにならなければなりません。

自分が現場でプレイヤーとして動いていたときは、毎日を120%で過ごしていたという人には、いまの若者の様子を見て冷めたような印象を受け、歯がゆく映るかもしれません。ただ、彼らは彼らなりに、精いっぱいの毎日を過ごしていることを理解することです。それに、そもそも仕事は常に70~80%の能力を出せるような状況でこそ長く続けることができます。そうすると、70~80%のキャパシティがどんどん大きくなっていく。気が付くと、以前の100%を軽く超えています。

ところが、仕事でも何でも120%を求められると、数日あるいは長くてもせいぜい数カ月しか続かないでしょう。仕事や人生はトーナメントではなく、リーグ戦です。一度、結果が出なくても、次にがんばればいい。大事なことは毎日少しずつ成長していくことです。

70~80%の力を常に出せるような環境、状況、自分の状態が保てたら、おそらく非常に充実した人生を送れるはずです。

ところが、70~80%でいいよとはならないのがいまの社会です。上の立場の人から押し付けられたり、目先の目標が短期すぎたりします。

その人が１００％でやっているのか、80％でやっているのかわかっていないのでしょう。自分の基準では部下は50％に見えるかもしれないけれど、本人は１００％でやっているかもしれません。そこを**思いやる余裕が欠けていることが多いのです。**

感情ではなく理性で冷静に相手を見て、付き合っていくことです。

リーダーがすべきコミュニケーション

新しいリーダー像に求められるのは、やはりコミュニケーション能力です。

話しかけるタイミング、伝え方、使う言葉が重要です。

それぞれのスポーツで必要とされる能力は違いますが、人間がやるものである以上、基本的には人対人です。**上から目線ではなく、対等な存在として意思疎通を図ること**が大切です。

「何かあったら、言って来いよ」と上から目線で言われたら相談する気になりませんが、対等に、あるいは場面によってはちょっと下から家族や世の中の話題から入っていくと、

「この人なら話をしやすそうだな」と思ってくれるはずです。

世界的に名コーチと言われている指導者たちは、そうした何気ないコミュニケーションを大事にしています。

残念ながら、こうしたコミュニケーションを取れる人が、日本の指導者には少ないのではないでしょうか。指導者とメンバーの間に乖離があるために、メンバーの立場の人から見ると、指導者は何を考えているからわからないというふうに見えるのです。わからないから、本音も出しようがありません。

ある日の話ですが、私がMLB球団にスカウトとして入ったとき、会ったことはあっても話したことがなかったチームの幹部の一人がすれ違いざまに「オー！ KK（私のイニシャル）！」と言って呼び止めてくれ、「何か困ったことがあったら、遠慮なくいつでも言ってきなさい」と言ってくれたことがありました。

どんなに立場が上になっても、いつも下の立場の人と対等に話せる、気にかけていられるリーダーは多くの人から支持されるはずです。ビジネスの場合でも、そういう人にこそ、正しい情報が入ってきて経営もうまくいくのです。

変わる指導者とメンバーの関係性

これから指導する立場にある人は、いままでの上意下達、トップダウンの発信源となる存在から、「横で伴走する」、あるいは「下からサポートする役割」に変化していくことが求められるわけですが、具体的にはどうすればいいのでしょうか。

教え、導いていく場合でも、上から有無を言わせずに自分の考えを押し付けていくのではなく、対等な立場から「こうしたほうがいいと思うが、君はどう思う?」という具合に、**時には相手の判断にゆだねることも大事です。**

前述の通り日本では、ビジネスにおいて自由に意見を出しあうことが必要な会議の場でさえ対等に話をすることが難しいのですが、アメリカでは目的を共有する場においてはそれが可能です。可能というより、「そうしなければならないもの」という感覚があります。

意見を出し合って、いいものを見つけていくという議論の場では立場の上下は関係なく対等です。一個人として自分の意見を言えるようにならないといけない。それに対して批判や攻撃ではなく、まっとうな意見交換ができるようにならなければなりません。

日本では、突出しないように周りを見ながら振る舞います。突出してしまうと、「出る杭」として打たれてしまうからです。日本で指導者といえば、相変わらず上から指示する存在です。指導者が権威者になってしまっている場合もあります。それが最も顕著に表れているのがやはり野球界です。

通常、選手よりも監督・コーチのほうが年上です。日本では儒教の教えがいまだに根深いのか、年長者を立てる伝統がありますが、年齢を悪い意味での軍隊的な序列として位置付けてしまっています。

他のクラブでもそうかもしれませんが、野球部ではとくに中学生から封建的な縦社会が温存されています。それが監督・コーチと選手の間にも根強く存在しており、監督・コーチは絶対服従の存在です。選手のはるか上に監督・コーチが位置しています。

監督・コーチのほうが、権限も経験も知識も人脈もあるため、「自分のほうが野球人として上」という意識がチーム内にあるのです。

企業でも、こうしたいわゆる体育会系出身の経営者やメンバーがいる会社では、こうした権威主義的な組織の雰囲気がある場合があります。それが、「下の立場の者は上の者に従ってさえいればそれでいい」という意識を生んでいるなら問題です。

指導者とメンバーで対等でないシーンがあるとすれば、役割を付与するときです。このときは、指導者が指示して、メンバーにポジションについてもらわなければなりません。その時に重要なのは「**失敗も折り込み済みでチャレンジさせること**」です。チャンスを与えてメンバーの成長を促す意図を持ってポジションを与えることです。

指導者とメンバーは対等であるべき

これからは、指導者とメンバーは同等か、少し下から支える立場になる必要があると私が考えるのは、もともと育ってきた土壌が違うからでもあります。

企業でもスポーツのチームでも、だいたい指導者のほうが年齢は10歳くらい上でしょう。20歳くらい違うこともよくあります。

いまの20代は、あらゆる電子機器を巧みに使いこなし、瞬時に世界中とつながることができるので、彼らのほうが情報を持っている場合がよくあります。

情報を処理する能力がまだ甘いからミスをするかもしれませんが、経験や知識、判断能力や決断能力が伴ってきたら、私たちより断然上にいくのは必然です。

実は、学校教育でもまったく同じことが起こっています。

子どもたちは世界中の知とつながっていて、積極的な子は海外の人たちとインターネットでつながり交流していたりするそうです。我々の時代には考えられません。

それに上から下へ教え込む、一方通行の教育をするなら、カリスマ教師の動画だけを見ていればいいわけです。いまはそうしたものがほぼ無料で見られる時代です。

そういう状況では、教師のほうが子どもに教えてもらう立場になるかもしれません。そうであるなら、教師は教え諭すだけではなく、問いかけをしたりサポートをしたりするような、横にいて伴走するような立ち位置にならなければならないと言われています。

私は日本のプロ野球選手のコーチングもしているのですが、選手たちは動画サイトで世界中の選手の練習方法を見て学んでいます。

「どこそこのメジャーリーガーはこういう練習をしていたのですが、どう思いますか？」と聞いてきます。自分が所属しているチームのコーチからの指導が物足りないから、自分で情報を得て学ぼうとしているのです。これはこれで素晴らしいことです。

それなのに、監督やコーチは自分よりも知識が高い選手に関して、上から「お前はもっとこうしなさい」とものを言います。本当は監督・コーチも海外のほうが進んでいることはわかっているのですが、それを取り入れようとすると、自分の立場が危うくなるから、自分の身分を守るために、外からの情報をあえて入れないようにしている人もいます。

そうなってしまっては、海外からの情報を学んでコーチングのスキルアップをしようという人はほとんどいません。自分でこれまで指導してきたことを否定することになる。それは自分自身を否定することになると思い込んでいます。

海外のほうが進んでいることをわかっていればいいほうで、それすら認識できていない場合もあります。手法の良し悪しも分析できていないので、「こうしなさい」と上からのやり方を押し付けるような言い方しかできません。

海外のコーチングのスキルを学んでいるとしても、それを現実のコーチングの場面で活用している指導者は、あまり見たことがありません。学んだスキルを使って結果が出せるのか、自信がないのかもしれません。

しかし、そんな逡巡をする必要はありません。大事なのは目の前の選手のために、なりふり構わずよいと思えるものを学ぶ姿勢です。選手に成長を促すなら、指導者も常に成長しなくてはならないはずです。うまくいけば続ければいいし、そうでなかったらまた別の方法を試せばいいのです。

お互いにそれぞれの立場で一緒に成長しようとするチームなら、強くならないはずがありません。

ビジネスでもまったく同じことが言えます。自分の部門の成績のためだけに若手を使っているような部長や課長からは、やがて人が離れていきます。そうではなく、部下と一緒に成長しようという姿勢を持っている人にこそ若手はついていこうと思うものです

C3

C3 TEAM BUILDING

COGNITIVE CHALLENGE COURSE

第2章

新しい時代のチームビルディング

役割としての役職と権限に応じた責任

この章では、C3の基本的な考えを含め、メンバーとの関係などについて説明します。

私がなぜコーチングに問題意識を持ったのかはすでに述べましたが、それがどのようにチームビルディングやリーダー論に結びついていったのかは、これといったひとつのきっかけがあったわけでなく、いくつもの出来事が積み重なった結果です。

アメリカでは、チームのあり方から球団社長やGMの業務まで、さまざまなことを学びました。

いまでこそ日本の各プロ野球球団にはGMの肩書をつけている人が多くなりましたが、つい20年前くらいまでは、名前は知っていても、どんな仕事をする人なのかよく知られていませんでした。

野球におけるGMという役職は、現場の最高経営責任者です。監督はいわゆる中間管理職であり、オーダー（打順）や作戦面の決定を行うなど、権限が及ぶのはフィールドの中だけです。

それ以外のこと、たとえば選手の獲得や年俸の決定、監督・コーチの人事まで一手に引き受けるのがＧＭです。これをオーナーから与えられた予算内で差配します。

ＧＭや球団幹部などのフロントと言われる「背広組」と監督・コーチなどの「ユニフォーム組」がワンチームとなって運営に携わります。フィールドの中は監督の専権事項ですが、そこを一歩出ると監督から権限や責任が移り、ＧＭを中心とした最高経営チーム（グループ）がさまざまなことを決定するのです。

アメリカはそれぞれの役割と権限が明確で、その権限の範囲内だけで責任が発生するというはっきりした形になっています。

ところが、日本では監督に権限がほとんど集中していて、チーム運営はユニフォーム組主導で行われています。そのお手伝いをするだけの背広組がいるという構図です。

しかも、権限だけが発生して、責任が発生しません。ここが重要なポイントです。唯一の責任の取り方は、成績がふるわなかったときに辞めさせられるというだけです。ですから、次の仕事に支障がないように選手を批判することで、「自分は悪くないんだ」と言っているわけです。

日本ではオーナーがいて、球団社長がいて、という組織図になっていますが、それ以下のポジションは選手の引退後のセカンドキャリアのためのものになっていることもあります。

球団が独立採算ではなく、親会社からの宣伝広告費で補填されて存続できている事業体でもあるために、厳しい競争原理が働きにくい面があり、プロフェッショナルでない人でもなんとなく仕事ができてしまう現状があります。そういう球団が多いのが事実なのです。

その結果として被害を受けるのは、いつも選手です。コーチやフロントの人間は、他チームや関連会社を含めて、どこかで、生き延びる方法を考えながら、失敗は選手のせいにしていることも多々あります。たとえば、成績が良くないチームの選手は年俸が下がったり、クビになったりしますが、監督やコーチはのうのうと次の年もユニホームを着ていることがあります。その構図は12球団それぞれにあり、これをどのようにプロフェッショナルの集団にしていくのかを考えていく必要があるのです。

MLBでは、オーナーが変わったりGMが変わったりしたらスタッフが一掃される職場を生き抜いてきていますから、みな使命感というか責任感が非常に強いです。だからしっかり発言もするし、そのために自分で勉強もして経験も積んでいきます。その分、責任ももちろん取ります。なかにはごく少数ですが日本のように世襲やコネで地位を得ていく者もいますが、日本より圧倒的に少ないのが現実です。

アメリカでは、結果によってシビアに評価されますが、日本はいまでもとてもゆるいものです。それで選手も大きく成長するなら問題はありませんが、そうでないから問題です。

物事の成否を分けるのはチームのあり方

私はそんな経験をするなかで、物事の成否を分けているのは「チームのあり方」だという結論になっていったことはすでに述べた通りです。

ビジネスにおいては、ある程度の規模の事業を行おうとすると、一人では完結できなくなっていきます。誰かに手伝ってもらうことになると、自分とその人のふたりでその事業に関与することになり、そこでもうチームができあがります。だから、あらゆる場面にチームのあり方が影響しているのです。

チームが組織として機能していないと、野球もビジネスもうまくいきません。それゆえチームビルディングこそが物事の成否のカギを握っているのです。

そして、そのチームビルディングのなかで影響が最も大きいのがリーダーの存在です。ビジネスにおいては、役員などの上層部から現場の指導者となる課長やチーフまでがリーダーであり、スポーツでいえば監督・コーチがそれにあたります。

リーダーがメンバーに行うコーチングの目的は、**相手がどうしたいのかに気づかせ、本人の特性を明確にさせるなど、自己理解を促進すること**です。そして、チームのメンバー一人ひとりが「リーディングパーソン」となって、主体的・自立的に物事に取り組むようになっていくように方向づけてあげることです。

監督・コーチやメンバー、上司や部下は同じ組織に所属する運命共同体です。ここに参加する人たち全員が勝利や利益増に対して参画し、最終的に幸せになることが組織としての最終目標のはずです。

ところが、組織のリーダーが自分の利益のために、下の立場にいる人を利用しているケースが多く見られます。

自分が勝ちたいばかりに目先の勝利を目指して、選手を意のままに動かし、短期的に奮起させている指導者が日本のスポーツ界には多いのです。そのため、選手の長期にわたる成長や将来的な目標などが考慮されない指導になってしまっています。ここでも「被害者」はいつも「選手」であるわけです。

企業でも、自分の部署の成績ばかりを気にするあまり、メンバーの成長によって長期的な「利益」を得ていこうとする姿勢が欠けていれば、下の立場にいる人がついてこないだけでなく、やがて疲弊してしまうでしょう。

リーダーは、メンバーのモチベーションを上げて、成長を促してサポートしながら、同じ目標に向かってともに成長を感じつつ、日々のやるべきことにあたるべきです。

チームにおけるリーダーの役割はやはり大きいもので、リーダーが正しいチームビルディングを行えば、チームをよい方に向かわせることができます。

チームの変化が見られた事例

私は以前、あるチームのアドバイザーを務めたことがあるのですが、さまざまな取り組みを行った結果、２〜３カ月で空気ががらっと変わりました。メンバーたちは次第にみな「リーディングパーソン」になっていきました。

当初は怪訝《けげん》な感じで私のことを見ていた親御さんたちも、次第に私に話しかけてくるようになって、「うちの子は以前は家でしゃべらないし、ずっと携帯をいじっていたのですが、いまではよく話をするようになり、笑顔も増えました。ありがとうございます」と言ってくれた人もいました。

練習時間自体は少なくなるので、取り組みの直後でいえば、以前ほどチームは勝てなくなりましたが、選手も家族もハッピーになりました。それに選手は、自分は野球が好きであることを再認識できたはずで、それがエネルギーになって成長することで、より前向きに主体的に取り組むように変わっていきます。

このチームは午前中だけの練習にしたところ、次の年の応募に100人を超えました。それから入部希望者はずっと100人超えです。これは、チーム改革が評価されたということでしょう。

これまで野球界は、人気に胡坐《あぐら》をかいていたところがありました。放っておいても1学年で20人、30人と集まる。そのため、ひどいことをやっても残れた者だけでチームを組めばいいと考えている指導者もいます。

ところが、いまはそうもいかなくなってきました。いまや少年サッカーのほうがチームは多くなっていますし、少子化もあって、昔のように放っておいてもどんどん子どもたちが入ってくるということはなくなりました。

さらにはインターネットで他のチームがどんなふうに活動しているか、情報を得られるようになったので、おかしな運営を行っているチームは辞めて、自分たちで選択することが可能です。

ただ、そうしたチームは点在していて情報が共有できていないし、チームが勝てなかったり、資金力がなかったり、周囲の協力が得られなかったりして潰れていくことも多々あります。

しかし、長期的に見ていけば、必ずそうしたチームのほうがレベルは上がっていきます。そのうちMLBでも活躍する選手がたくさん出てくるはずです。

野球界でも、監督・コーチが上から服従させて勝利至上主義で選手を疲弊させることに、賢明な親はすでにNOを突き付けはじめているということです。

「観察」「分析」が指導の根幹

では、個人を成長させることで組織としての力をつけていくために、指導者は何をすればいいのか。私がチームビルディングを行うときには、まず「観察」から入ります。

日本の指導者の特徴として、この観察が決定的に欠けています。経験主義や前例踏襲主義ではなく、個人の特性を見定めたうえで、**個人が主体性や自主性が発揮できるような個別の指導**を行っていきます。

そのために、指導者はメンバーをよく観察していくべきなのです。

つまり、一人ひとり個別の指導をすべきなのですが、その方法を知らなければ、10人を指導するのに全員に同じことを言い、トレーニングの回数だけ伝えてやらせるしかありません。

たとえば、よくあるのは、バントを失敗したことで負けてしまったら、日が暮れるまでバント練習をさせたり、翌日にも長時間バント練習をさせるケースです。バットの角度とか、構えとか、ボールを転がす位置とか、失敗したのには理由があるはずです。そこを「分析」して、できなかった技術を習得するような練習をするべきなのですが、単に数をこなすだけ、時間をかけるだけの練習が多いのです。これではうまくなるわけがありません。

「バント練習を長時間した」という事実だけが欲しいのでしょう。それでコーチは責任を果たしたことになり、選手も疲れるのでやった気になれます。

ビジネスの現場でも、いまだに同じようなことが行われています。「徹夜しました、残業しました。でも売上は上がりません」ということはよくあります。

売上が増えない要因を分析し、欠けている要素を埋めるような行動をする必要がありま す。「がんばったな、いつかは結果が出るよ」といって闇雲にがんばっても、成果は上げられません。

人や事象を観察し、原因を分析する。**劣っている要素、欠けている要素を絞り出し、そこを埋めるための方策を導き出します。**その方策が技能的にできないのであれば、トレーニングを行って技術を習得するまでです。

人の認知と行動の仕組みを学ぶ

観察・分析するためには、人間の認知と行動の仕組みを学ぶことが大切です。指導者となる人には、ここをよく理解してほしいと思います。

人は物事を、五感を使って認知します。いわゆる「インプット」をします。そしてその情報を駆使して判断し、行動に移します。

この一連の作業がスムーズに正しくできる人ほどスポーツでも仕事でも成果が出せます。

もちろん、「頭ではわかっていてもできない」ということがあります。判断まではできているのですが、脳が「体をこう動かせ」という指令に対して体がその通りに動かないということは、脳から腕や足の神経伝達、筋肉の発達がそのレベルに達していないということです。

つまり、まず「頭でわかる」ということが最初で、次に「体を動かす」というフェーズに入っていきます。この順序がわからずに、体を動かすことばかりを口で指導しても、根本を理解していないので、当然ながらできない、ということになります。

また、たとえば、ゴルフをやる人ならわかると思いますが、「右に飛ばすとすぐOBだから、右に打ってはいけない」と思っていると、打ってしまうということがありますね。野球でも「カーブは振らないでおこう」と意識すると、逆に振ってしまうケースがあります。脳には「カーブ」「右」というイメージだけが残ってしまうからです。

脳と身体にはそうした関係性があることを知っておけば、ゴルフのキャディさんに「OBの位置を言わないでくださいね」なんて事前に言っておくこともできます。こういう分析ができないのであれば、下手なアドバイスはすべきではありません。手順でいえば、**認知・判断・行動のどこに問題があるのかの分析が必要**です。

そして、問題のある個所に働きかけるようなトレーニングを行うことが必要です。認知の段階に問題があるのに行動を強制しようとしても、スタート地点が間違っているので、いくらトレーニングしても効果が上がらないということが起こり得ます。

認知・判断・行動の順に、下からレンガを積み上げていくように高めていくことが、あらゆるものごとの上達のコツです。

心理学を活用したチームビルディング

認知・判断・行動を行うとき、その結果が「心の状態」に左右されることは、多くの人が経験していることと思います。

緊張していると、目の前にあるものが目に入らなかったり、間違った判断をしてしまったり、いつもの身体の動きができなかったりすることがあります。**結果を気にしすぎると**

そればかりに意識が向き、やるべきことが見えなくなってしまうからです。

このように、意識をどこに向けるかとか、気づかせるといった面で、心理学の応用が必要になってきます。

すでに述べたように、スポーツ心理学については、アメリカでは30年ぐらい前からスポーツの現場に導入されていました。心理学者がチームに入って、選手が相談できるようになり、チームとして少しずつ結果が出るようになり、他チームもそれに倣《なら》うようになりました。

同時に、育成にも心理学を導入するようになりました。一律に同じ対応をするのではなく、個々に対応できるようになってきているのです。

さすがに50人の選手すべてに違う対応をするわけにはいきませんが、だいたい同じグループと思われる選手5人ずつの計10グループぐらいに分けることは可能です。そうして同じような悩みを持っている選手に対応していったのです。そうした動きを長らくやってきたことによって育成面でも成果が出ています。

先駆けてこうした取り組みを行ってきたあるチームでは、育成に心理学を用いるようになってすでに5～6年が経過していますが、MLBで常にプレーオフに進出しながら、マイナーリーグの層、レベルの高さはずっと上位に評価されています。

あくまで、これは私の主観ですが、普通のチームは毎年３年周期で良い状態と悪い状態を繰り返していきます。そのなかで、そのチームは毎年新しい選手が出てきて大活躍していきます。その度合いは他のチームと比べても出色のものがあります。

心理面を常にケアされつつ高いモチベーションを保つことができていれば、そうしたメンバーが多く所属するチームは必ず上昇サイクルに入れます。

育成にスポーツ心理学を取り入れているチームが現在進行形で好成績を出しつつあるので、今後、このような流れは強くなっていくと私は考えています。

メンバーの個を確立させる環境づくり

誰もがリーダーになるつもりで主体的・自立的に動ける「リーディングパーソン」が集まった組織になれば、チームとして機能するようになっていきます。

目立った成果や失敗がないと、せっかくの経験がそのまま流されていってしまうことが多いのですが、一つひとつを振り返って、「あなたがリーダーだったらどういうチームをつくるか」という議論、コミュニケーションが常に行われることが必要です。

「あなたはこうしなさい」と言われて動く人ではなく、自分から動く人しか今後は求められなくなっていきますから、図々しくなっていいのです。

「私はこんなことができます！」「この会社の売上を5倍にします！」とか、それくらい言えるようになれればいいですね。そういう人は、最初は周囲の人からイラっとされるかもしれませんが、後々頼られる存在になっていくはずです。


これまでは、言われたことを「こんなの無理だよ」と思いながらも、仕事だからやらなくてはいけないのが会社というものでした。

会社に行かずに売上や利益が増えるのなら行かなくてもいいはずなのに、なぜか行かないと不安になる人も多いのです。

「会社が来いというから行っている」「会社が来るなというから行かない」ではなくて、自分の意思で行く・行かないを決める。必要であれば行けばいいし、不安を解消するだけのためなら行かないほうがいい。そうして、「自分で決めていく」ことが大事なのです。

そして**リーダーは、メンバーが自分で決めて動ける環境をつくっていく**ことが仕事です。

自分が駒になるのはなく、指し手にならなければいけない。だから個人にとっては非常に厳しい時代なのです。

いままで駒として指示されるのがある意味気持ちよくてずっとやってきた人が、転換していかなくてはいけないのはしんどいのですが、将来の自分のためだと思えばできるはずです。

これまでもずっと「これからは厳しい時代だ」と言われ続けてきましたが、今後はこれまで以上にますます厳しい世の中になると思われます。それは経済面でも、それ以外の面でもそうです。そうした世の中を生き抜くには、強い「個」を持つしかありません。

「自分はそういうタイプじゃない」と言う人がいるかもしれませんが、それはどうでしょうか。

野球界にも自分を信じられない人が多いのです。押さえつけられて育っているので、「自分はこんなものだ」と思ってしまっています。

「君だってメジャーリーガーになれるよ」と言っても、まず「いや、無理です」とか「信じられません」と返ってくる。「じゃあ、こういう練習をしてみようか」とやっていくと、「もしかしたらいけるかも！」となって、やがて目を輝かせてやるようになります。

問いかけして、気づかせて、その人が自ら動くように仕向けていく。その**環境をつくるのがコーチングの神髄であり、指導者のやるべきこと**の大半です。

ビジネスでも同じで、「自分はこんなもの」と早々に自らの限界を設定してしまっている人がいます。ビジネスの場合、スポーツ以上に能力の差などは小さいものです。限界をちょっとずつ突破していった人が、結果的に「すごい人」になっているにすぎないのです。

チームビルディングのステップ

では、実際のチームビルディングはどのように行われるか。

指導者が実際にやるべきことは、すでに述べたように、観察・分析して、その情報をもとにアドバイスしていくことが基本となります。その一方で、心理学的な手法として「アクティビティ」と「フォローアップ」があります。

つまり、チームビルディングは「観察・分析とアドバイス」「アクティビティとフォローアップ」という2つのセットを根幹として行っていきます。ここでは後者の2つの要素について掘り下げてみます。

❶アクティビティ

アクティビティとは、いわゆるレクリエーションです。

アクティビティは、コインを積み上げていくとか、積み木を崩さないように抜き取っていくとか、コミュニケーションが生まれるようなものであれば、実はなんでも構いません。ゲームのルールを決めるところからはじめてもいいでしょう。ゲームのゴールを目指すことが目的ではなく、ゲームをすること自体が目的です。より厳密にいえば、「ゲームの中でコミュニケーションが生まれること」が目的です。

アクティビティの頻度は定期的に行ってもいいし、不定期でもかまいません。理想は定期的に行いつつ、タイミングを見計らって定期の合間でも行うことです。

たとえば、年始と夏休み明けの年2回のアクティビティを行うと決めた場合は、春と秋ごろに不定期で一度ずつ行うようにしてもよいでしょう。少なすぎなければ、回数は問いません。

アクティビティのメンバーは、仕事ではないので上司と部下、先輩と後輩、男女の区別もする必要はありません。

基本は普段一緒に活動する人たちであること。これに慣れてきたら、チームごとにメンバーをシャッフルして行ってもいいでしょう。

アクティビティの目的は、「お互いを知り、自分を知る」ことです。

それには何か公式な場や、かしこまった場である必要はなく、遊びのような場のほうがよいのです。

また、「アクティビティはこれだけやれば十分」というものではなく、常にやっていくものです。高校なら3年、大学なら4年、会社員ならずっと継続的に行っていくのがよいでしょう（具体的なアクティビティについては次章で詳しく述べます）。

❷フォローアップ

アクティビティを行ったあとは、フォローアップを行います。要は「振り返り」です。このフォローアップが最も重要です。

フォローアップは、活動のなかで起きたことを整理し、そのときに思ったこと、思いついたこと、発言したこと、誰がどのように動いたかを会話で振り返っていくものです。

具体的には、誰が積極的で、誰が消極的だったかとか、誰がリーダーシップを発揮していたかということなどについて話していきます。

また、自分はどのように行動して、他人の行動が自分にはどのように感じられたかなどについても語り合います。

自分のことを語ったうえで、自分で「こんなところがあったんだ」と思うこともあれば、他の人から「あなたはこうだったね」と指摘されてはじめて気づくこともあります。

こうした話し合いを立場の違い、職位の上下に関係なく行います。

フォローアップといっても、押し付けるものではありません。チームごとにどういう発見があったかとか、MVPの人を出すとか、自分のどういう言動がチームに役に立ったと思うかとか、どういう言動が足を引っ張ったと思うかとか、チームでどんなことが重要だと気づけたかなどについて語れると効果が高まります。

そうして1人ずつ振り返ってもらい、紙に書いて共有する、あるいは書くなかで整理してみんなの前で発表するなどします。

時間があれば、話し合いのなかからチーム全体の総意を出してもらうといったことを行います。

アクティビティとフォローアップの効果

アクティビティをやる中では、個人の役割のようなもののヒントが見えてきます。それはアクティビティの説明をしているときから見えてきます。たとえばゲームなら、ゲームの説明をしていても、10人いれば4人くらいは聞いていないことがあります。人数が多くなるほど「誰かが聞いているだろう」と思う人が出てくるからです。

「話を聞いているからよい」「話を聞いていないからダメ」なのではなく、ここでは個々の特性を知ることが目的です。そのため、そこは問題にしません。大切なのはその後のフォローアップです。

「いま説明を聞いていましたか？」と尋ねて、完璧に説明を理解してアクティビティに入ったのか、誰かを頼りに入ったのか、そういうところの掘り起こしをします。

掘り起こしを通して、「それはこういうふうに改善したほうがいいんじゃないですか。あるいはこうじゃないですか」と次のアクションを提案していく。その次の段階で、話を聞いていなかった人をリーダーにしてアクティビティを行うのも効果があります。

すると、人任せにしていたことを自分が中心になってやってみたら、「理解するのも大変だな」と、はじめからそれをやっていた人たちの大変さを理解していきます。

つまり、**ゲームを通じて、「物事をやるにあたっての準備や理解の大切さ」を学んでいく**わけです。こうしたことの一つひとつがその人の学びとなって、メンバーは成長していきます。

実際のアクティビティでは、最初に「役割分担を決めてからやりましょう」といったことも言いません。役割分担をしないと役割が錯綜してパニックになり、目的が達成できません。それを経験してはじめて、「役割分担が必要だね」と気づくわけです。その気づきにこそ意味があります。

「やっぱりリーダーがいたほうが物事は効率的に進むな」というのを実感することが大事なわけです。

そのなかで、実は人に指示するのが向いている人もいれば、指示されるほうが向いている人もいます。それはそれまでのチームのなかでの役割とはまた違った一面が見えるのです。

実際にやってみると、ルールに書いていない、「それってインチキじゃないか」と思われるようなアイデアを出す人も出てきたりして、なかなかおもしろいものです。

アクティビティは、企業でもスポーツのチームでも、やり方は基本的に同じです。「全員参加の共同作業で、何か目的があること」が前提です。それに向かってみんなが参加したときに、いろいろな状況が発生して、そのなかに学びがあるというわけです。

こうしたアクティビティとフォローアップを行うことの効果は、各方面で報告されています。

C3.Japanで一緒に活動している四日市大学の若山裕晃教授は、ある企業の研修を10年ほど担当しています。「企業人としてのメンタリティを学ばせたい」ということで、心理学的な要素を加えたチームビルディングの依頼があったというわけです。

当初はアクティビティを行ってもとくに上司というか役職のある人などは「遊んでいるだけのように見えるけれど、意味があるのか」という感じだったのですが、やってみるとみんな一生懸命、楽しく、でもチームとしてがんばろうというようなムードが出てきました。

また、「Aくんの知らない一面を見ることができた」といった感想が得られました。野球チームなら野球の技術の優劣で、企業なら仕事ができるかできないかで、メンバー同士が格付けしあっているところがあります。そこの枠組みを外した状態でアクティビティを行うことで、違った一面が引き出せます。コミュニケーションが活発になると、個人の素の一面みたいなものが出てくるからだと考えられます。

その企業からは、研修の効果を得ていると評価してもらっています。何より10年も継続して研修を担当していることが、成果を証明していると言えるでしょう。

こうしたことを、仕事の場ではなく、アクティビティの場で、気づきとして得ていくことに意味があります。売上が増えたか減ったか、経費がかかったかどうかは関係ないので、気持ち的にもラクなのです。

アクティビティの終わりの時間を定めて進めると、「このままだと時間内に終わらないからこういう方法にしよう」という人も出てきます。ルールはありませんから、誰がそれを言い出しても構いません。

要は、あることをみんなでやろうというとき、**ルールや上下関係がなくなると、人間が出る**ということです。

企業のブレインストーミングでも、テーブルに張り付いていてもいいアイデアが浮かばないのと一緒で、会議でいくら「ざっくばらんに話し合おう」といっても無理です。

一度、オフの時間のようにして、遊びのような取り組みのなかから、思ってもみない「秘めた能力」が湧いて出てくるものです。

かつての職場は昼休みの時間にトランプをしたり、仕事が終わったら麻雀をしたりといったことがあり、自然とコミュニケーションを取っていました。社内の運動会や社員旅行、お花見やバーベキューも同じです。

つまり、楽しみながら自然と相互理解をしていましたし、関係を深めることができました。しかし、最近はそうした関わりは流行らなくなっていますから、いまは形を変えなければならないということです。

他人を知る、自分を知る

アクティビティを行うことによって、「他人を知る」こともできます。

アクティビティを行うときには、リーダーは誰がなってもかまいません。仕事でポジション的には部下にあたる人が、アクティビティの場では指導役になって上司に指示してもいいのです。

そのときに上司は「こいつに指示されてるよ」と内心思いながらでも、「わかりました」とやれる人であれば、よい上司になれます。

最初はとまどいながらもリーダーを任せていると、意外とテキパキと指示したりして、「彼にはこんな一面あるんだ」といったことがわかることがあります。要は「逆から見る」のです。

たとえば、人間的にソリが合わない人というのはいます。「あの人とは一緒のエレベーターに乗るのも嫌だ」という場合でも、一緒にやらせてみると、「なんだこの人、意外と優しい人じゃないか」とか「無愛想だと思ったら全然違う」といった点が見えることがあります。普段の業務の中では見えなかったものが見えてくるのです。

普段は見ることのない他人の一面を見ることは、その人をより深く理解することにつながります。

一方で、アクティビティは「自分を知る」ことにもつながります。

たとえば人が何かやっているのを見て、イライラしながら早くやれよと思っていても、それを言う人と言わない人といます。それを言わせるように仕向けていきます。

そこにあるのは言うか言わないかの差だけで、同じ感情を持ったわけですから、これらは同じグループの人たちと言えます。

こういうときは、フォローアップのときに「君たち、同じグループだったね」と指摘します。すると、「彼みたいにガンガン言う人とは、私は違いますよ」と言うのですが、行動するかどうかの違いだけであって、同じ感情を持っているのです。すると、「ああ、そうか、確かに……」と言って気づいていきます。ある意味で、「言わない」ずるさをあぶり出していきます。

もちろん、長所についてもアクティビティの中で気づきます。自分には意外とリーダー気質があるんだなと気づく人は結構います。周囲の人から指摘されてはじめてそこに気づく人もいます。

「自分にはこんなところがある」ということは、自分では意外とわからないものです。相手との関係のなかから自分が見えてくるわけです。

このように、自分の長所も短所も見えてくるでしょう。しかし、必ずしも短所の克服に取り組む必要はありません。短所もその人の特徴だからです。その短所があるから長所が生まれているという側面もあって、短所を克服しようとして長所も消し去ってしまうというのはよくあることです。

スポーツの指導でもよく言われるように、**短所をなくそうとするより、長所を伸ばすほうが、より成長する**場合が多いのです。

会話がカギを握る

アクティビティでは「会話すること」が絶対条件ですから、コミュニケーションが活発化する効果があります。

会議のかしこまった場で「君、どう思う？」と尋ねてもなかなか話が弾まないことはよくあります。お互いに、「自分はこういうふうに解釈していた」「〇〇部長はそう思ってたんだ！」ということを話せるようになる土台をつくることが必要です。

チームで勝利を目指したり、企業で利益を上げたりしていこうというときには、問題点を指摘しなければいけないし、時には人が嫌がるようなことも言わなければならないこともあるでしょう。しかし、根底には信頼関係がなければそれはできません。信頼し合える人間関係をつくったうえで議論する。その人間関係をつくるのがアクティビティとフォローアップなのです。

チームの場でも、日本人の奥ゆかしさとか、黙して語らずといった「美徳」が押し付けられているようなところがありますが、それは違うところで発揮すればいいのです。自由に意見を出しあうべき場でもそうなってしまっては、組織は成長しません。「まだ1年目のくせに生意気だよ」と言われても怯まず、自分を出していけるようにすることです。「本当にここだけの場で、匿名でも実名でもいいから、自分の本心を一つずつ言っていく」みたいなアクティビティをしてもおもしろいでしょう。その結果、「お前は前からムカつくんだよ」ぐらいのことが言えるようになるといいですね。

相手のことをよく知りもしないで、勝手に決めつけて「顔も見たくない」と思うのはナンセンスですから、相手のことをよく知ったうえでそのように言えるようになることです。少し嫌な気分になりながらも、最後は「みんなでがんばろう」となることが大事です。

人間だから好き嫌いがあって当然です。そのうえで、**目的のために一緒になってやれる組織が素晴らしい**のです。

そして、「思ったことを口に出すことは、必ずしも悪いことではない」ということもアクティビティの中で気づいてもらいたいことです。

思ったことを口に出すかどうかというとき、日本人はつい「相手が悪い気分にならないか」と考えてしまいます。そう考えると、だいたいが言わない選択になるはずです。ところが、言わないだけで思っていることは事実です。それを腹に持ったまま人間関係を続けるので、いつまでもわかりあえないままで、表層的な関係から抜け出せません。

もちろん、意見を言い合うときには言い方も考えなければなりません。相手が聞き入れてくれそうな言い方というものがあります。ただ、自分の意見をぶつけるだけでは子どもと同じです。

またもともとあまりにも場がギスギスしている状態で言い合うと、ケンカになって傷が残ります。お互いが遠慮し合っている場合に行うのがよいでしょう。

日本人は苦言を呈されると、人格否定されたというふうにとらえてしまう人が多いのですが、**意見を言うことと非難することは違います。**意見は単なる意見として聞くことが大切です。

アクティビティとフォローアップを繰り返していった結果、メンバーにはいろいろと変化が見られるようになります。良い変化もあれば、悪い変化も人によってはあります。その場合は、「その人に合う組織に行くべきだということがわかる」という意味では、どちらにしてもポジティブな結果になると言えます。

人間はコミュニティに属さねばならず、一人では生きていけない存在です。そのために重要なのは自分を知ること。アクティビティをやって、その場ではあまり自分は貢献できなかったなと思ったとしても別に悪いことではありません。そこで「でも、がんばろう」と思えるかどうかです。

「いま自分がいる組織に合わなくても自分が悪いわけではない」ということは、わかっていてほしいと思います。ありのままの自分でぴったりと合う組織なんてそうそうないからです。**能力も性格も含めて、誰しも程度の差はあれどデコボコがあります。それをどう活かすかがチームビルディングです。**

パズルはデコボコがあるから成立します。デコボコがなかったら、パズルはおもしろくもなんともありません。チームのメンバーも全部が同じ形だったらつまらないし、ある方向からの力には強いけれど、別方向からの力にはもろい組織になるはずです。

アクティビティの結果をヒントにする

アクティビティで出てきた個人の特徴のようなものをヒントに、仕事でもスポーツでも、組織におけるポジションを与えていきます。

その人を十分に理解していれば、根拠を持ってポジションを与えることができます。これがないと、上司は経験則で身につけた勘で人事をするしかなくなります。もちろん、しっかりした根拠を持って人を配置したほうが、成果は出やすいはずです。

アクティビティとフォローアップを行うことで、新たな一面、秘められた能力を周りの人が認識できるようになるので、「AくんとBさんを組み合わせたらいいんじゃないか」というアイデアも出てくるでしょう。

アクティビティとフォローアップのなかでコミュニケーション能力を高めていくことで社内のみならず、社外のクライアント側との信頼関係を高めることにもつながります。

チームのなかでも、立場が違えば問題意識も違ってきます。それぞれが居酒屋で愚痴を言うのではなくて、同じ場で冷静に語り合えるようになります。もっと言えば、「あ、そういうふうに君は思っていたんだ」というのを、居酒屋ではなくて現場に持ってくるための準備運動がアクティビティやフォローアップなのです。

この点、よくある企業の社員研修とは異質のものだと考えています。

日本で社員研修というと、新入社員なら新入社員、課長なら課長だけというふうに階層ごとに集められて、講義型の講習を数日行うというのがよくあるケースだと思います。

こうした研修に参加した人は、直後は「すごくいい話を聞いた」「職場へ持ち帰って共有しよう」とやる気になるものですが、その講義を聞いていない職場の他のメンバーと温度差があるので、モチベーションが持続しない場合が多いのです。

個別に講義型で行うより、チームごとにまとめて研修を行うほうが効果は得られます。アクティビティの中でだんだんと信頼関係を築き上げていき、最終的には実際に現場で起こっている問題、生産性を上げる課題を扱うようにしていくことです。

アクティビティとフォローアップは、一度やって終わりではなく、何度も繰り返します。繰り返しながら、どんどん螺旋階段を上がっていくように「チーム力が上がっていく姿」をイメージしながら行っていくとよいでしょう。

「このレベルだと自分は退屈だ、もっと高いレベルへ行きたい」となるかもしれないし、ドロップアウトした人がいたら、その人にはもうちょっとレベルの低いところからはじめてもらうということもあり得ます。そこで「ポジションを変えるか、組織を変えるか」ということを考えていくわけです。

目標やスローガンを立てる

アクティビティ・フォローアップと並行して、いよいよチームの目標設定をしたり、スローガンを立てたりするフェーズに入っていきます。

チームビルディングにおいては、目標やスローガンを立てたほうが、逆算して何をすべきかがわかりやすい面があります。ただがんばれと言うだけではエンドレスのマラソンをやらされるようなものですから、やる気は生まれません。

目標とは、目指すべき「標《しるべ》」であって具体的なものです。「1位になる」とか「売上10億円」というふうに、数字などで達成度が明らかにわかるものです。

一方で「ファンから愛されるチームになる」とか、「顧客から頼られる企業になる」といった抽象的なものがスローガンです。ですから、目標は達成できなくてもスローガンは「かなりの程度、達成できた」といったことがあり得ます。

その組織が何を成功とするのかにもよりますが、成果には有形のものと無形のものがあります。具体的な目標が達成できなかったからといってすぐさま失敗となるわけではなく、無形の成果が得られることもあるのです。

有形のものばかり追い求めると、組織はギスギスしてきますから、無形のものについてもきちんと価値を認められるほうが成熟した組織といえるでしょう。

目標やスローガンは、メンバー数が少なければそのなかで話し合って決めればいいし、メンバー数が多いのであれば、代表者が集まって決めます。代表者たちが話し合って決めることをメンバーが同意していれば問題ありません。

ただし、密室で決めるのはNGです。**目標を決めるプロセスに透明性を持たせることが重要**です。これがないとコンセンサスを得ることができず、メンバーはやる気を持てないばかりか不満を持つようになります。

目標やスローガンを定めるときには、役職がついている人が最終的に決定していきます。みんなが「リーディングパーソン」になっていくことは、先導する者がいなくなることを意味するのではありません。やはり「運転手」は必要で、物事の決め方がトップダウンでないというだけです。

かつてはトップダウンのやり方が時代に合っていました。つくれば売れるという時代ならば、議論しているよりトップが決めたことを下の者が指示を受けて淡々とつくるほうが効率はいいからです。

ところが、いまはそのようにしてつくっていたら売れません。誰か一人のアイデアだけでは限界があります。多くの人の多様性を活かしたものづくりをしなければ売れなくなっているのです。だから、さまざまな立場の人からの意見を拾い上げることが必要なのです。

そうして一旦決めた目標やスローガンは、金科玉条として不変のものにすべきものではありません。目標やスローガンは、あくまで「標」であって、囚われるものであってはいけません。

未来は常に変わるので、**目標やスローガンは、あくまで日々の行動の指針となるもの**と考えること。そして何よりも大事なのは、それは変わっていいのだということです。

目標やスローガンが変わっても、それはブレたということにはなりません。以前のように時代の流れが緩やかであれば、朝令暮改は優柔不断の表れとして嫌われることでしたが、いまは臨機応変の意味としてポジティブに捉えてよいのではないでしょうか。

もちろん、これは妥協するのがいいという意味でもありません。現実は常に動いているので、それに伴って目標は変わるのが当然です。

それに、目標設定やスローガンはたいそうなものである必要もありません。人と比べてつまらないとか、ちっぽけだと思う必要もありません。もっと身近でいいし、自分なりのものでいいのです。

目標は、短期・中期・長期のものをそれぞれ決めていきます。これを、いったん決めても常に変わってもいいものとして扱います。

C3を試して導入するプロセス

手順として、目標設定やスローガン決定のあとは試す期間になります。

目標を立てて日々実践していく。実践したら振り返って、方法論を検討する。場合によっては目標も見直します。これをずっと繰り返していきます。

このなかでは、悩みや成長が出てきます。それをまた観察して分析して、実践に反映させていきます。

観察しても、分析できなければ次に進めません。ただ、分析といっても特別な理論は要りません。観察してわかったことを活かす。個人の特徴を把握して、「あの人はこういうことが得意だ」「この人はこういうところがある」とわかること。なぜそうなっているかを紐解いていくことです。

分析のところでは、技術的なことも入ってきます。そのときには、個別にアドバイスをしたり、特別なトレーニングプログラムを用意したりすることも必要になってきます。ここでいう技術とは実際に行動するうえでのテクニックで、野球でいえば「カーブの打ち方はこうだ」といったこと。これに加えてメンタル面のこともあります。

これら、技術とメンタルの双方の課題の洗い出しを行います。

メンバーが入れ替わると、同じことをやっても結果が違ってきます。結果を見ながら組織のあり方も変えていきます。

だから、うちの会社はこうです、うちのチームはこうですという歴史や伝統はあっても、過去からは変化を続けてきていまがあることを認識し、**変わっていくことをポジティブに受け入れる雰囲気の醸成が組織に必要**です。

実際にC3が提供するチームビルディングを導入するときは、第1段階ではアクティビティとフォローアップがあり、単発的にお試しでまずは行います（下図参照）。

第2段階ではそれを中・長期で行っていきます。第3段階では半年以上をかけてアクティビティとフォローアップをやっていき、セルフマネジメントのためのメンタルスキルトレーニングやコーチングスキル向

C3の3段階導入イメージ

第1段階		第2段階		第3段階
◎イントロダクション ◎アクティビティ体験 ◎簡単なフォローアップ（ディスカッション）	▶	◎2～6ヵ月間のテスト導入 ◎アクティビティ＋フォローアップ	▶	◎6ヵ月～の正式採用 ◎アクティビティフォローアップ（1～2週間に1回） ◎セルフマネジメントのためのメンタルスキルトレーニング ◎コーチングスキル向上のためのサポート

上のためのサポートを行っていきます。

この3つの段階を経て、グループは形成期から動揺期、規範化期を経て実行期へと移っていき、チームへと発達していきます。

指導者自らがコーチとなってC3のメソッドを行う場合には、「アクティビティとフォローアップ」「観察（+分析）とアドバイス」を不断に続けながら、目標とスローガン決定の後に実践・分析を繰り返していきます（場合によっては目標とスローガンの再設定を行う）。

C3のチームビルディングのイメージ

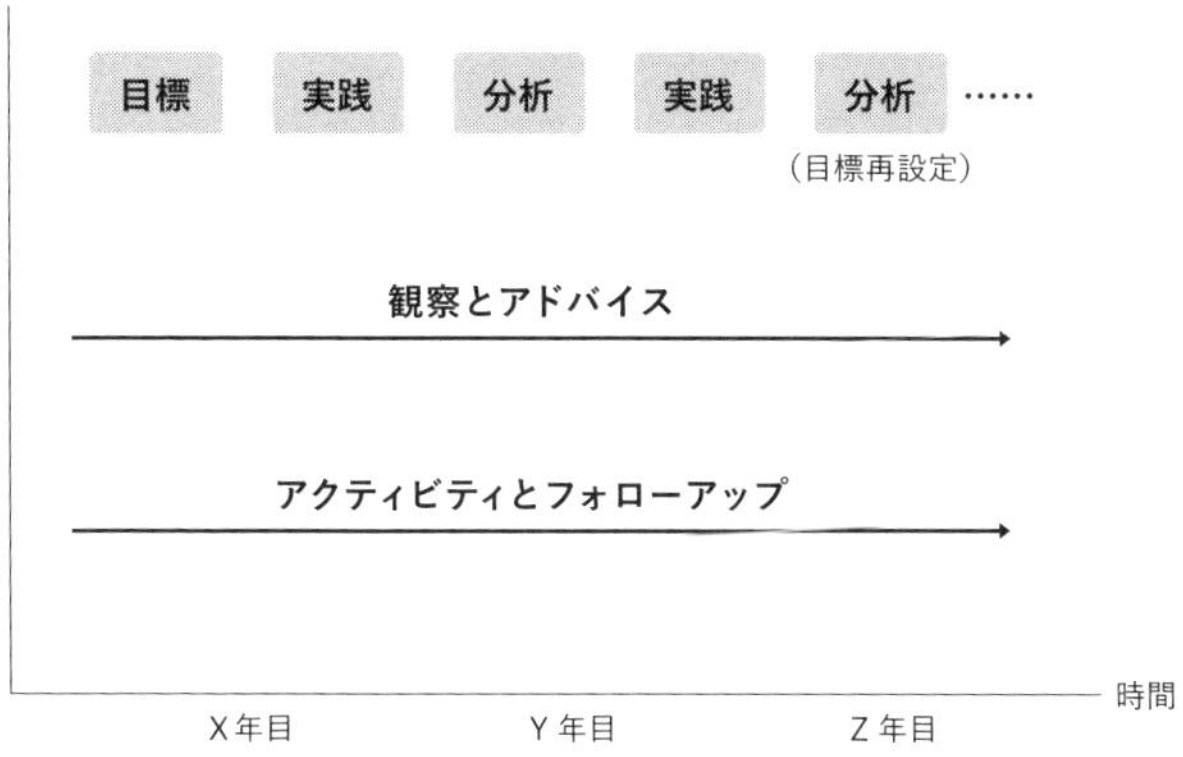

C3

C3 TEAM BUILDING

COGNITIVE
CHALLENGE
COURSE

第3章

チームの力を最高に引き出すために

チーム力を高めるための「基本動作」

心理学を用いたチームビルディングの手法を進めると、集団は単なる寄せ集めの「グループ」から共通の目的を持って協力し、競い合う「チーム」へと発達していきます。

この発達は、❶形成期、❷動揺期、❸規範化期、❹実行期という4つの段階を経て進展していきます。発達していく様子を示したのが次ページ図の「チームビルディング・プログレスモデル」です。

スポーツ心理学の定義では、形成期から実行期へ移行することによってチームは強化されていきます。

❶ 形成期

メンバーの自己紹介を互いに行う時期です。単に個人が集まった段階からグループっぽくなっていきます。

そのなかでみんなが認める暗黙のリーダーのような人も出てきて、自然発生的になんとなく個々の役割がわかってきます。

形成期は一からチームをつくろうとする場合もあれば、もとからあるチームを低迷から脱出させようとする場合もここに当てはまります。

チームビルディング・プログレスモデル

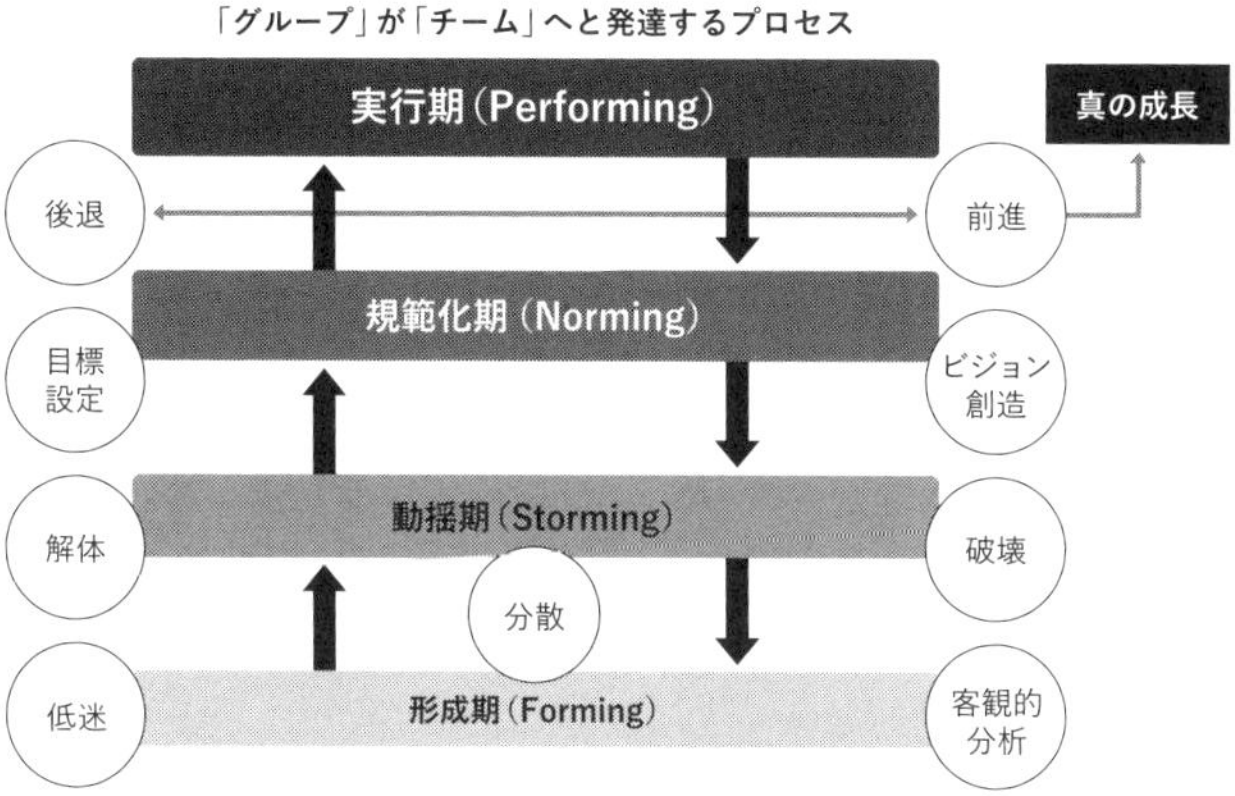

Weinberg, R. S., and Gould, D. 2003を参考に改変

❷ 動揺期

動揺期は、集団でまとまっていこうという雰囲気が醸成されていきます。しかし、人間がやることなのでまとまり切らなかったり、離脱者が出たり、メンバー間に亀裂が入ったり、場合によってはチームそのものが解体の危機にさらされたりするなど、いろいろ揺れる不安定な時期です。

リーダー、あるいはグループによる統制に対する反抗や抵抗が起こり、対人関係上の葛藤も生まれます。

❸ 規範化期

規範化期は、動揺期から脱して共通の目標やビジョンができることで、チームのあるべき姿や規範に近いものが固まっていきます。そのなかで各自のグループ内における役割も決まって安定していきます。

❹ 実行期

メンバーの役割が固まってくると、チームとしてのパフォーマンスにつなげていこうという機運ができていきます。団結心や協調性が発達し、各メンバーの努力がチームのために効果的に働くようになってチームが成長していく時期です。

こうして形成期から実行期まで、グループがチームとなるべく変化していきます。ただし、人間の集まりですから、一直線に進化へと向かっていくわけではありません。発達段階のなかで葛藤があったり、問題解決したり、結束がより強くなったり、さまざまなことが起こってこれらの４つの段階を行ったり来たりしながらチームに昇華していきます。

その過程のなかで発展していく場合もあれば、うまくいかなければ停滞あるいはメンバーがいなくなって消滅したり、バラバラになって解体されたりすることもありえます。

具体的に実施する内容としては、たとえばアクティビティ・フォローアップを行ったり、チーム文化をつくることの重要性を認識してもらったり、チームの歴史について学んだりします。

形成期から実行期を通じて常に行うアクティビティについて、具体的な例を以下に紹介します。

実際のアクティビティの手法

●マインドフィールド

方法：フィールド内にさまざまなもの（イス、コーン、ハードル等）をランダムに置く。ひとりのメンバーが目隠しをして、フィールド外にいる他のメンバーからのアドバイスの声に従って障害物を避けてフィールドの端から端まで歩く。他のメンバーは目隠しをしたメンバーに直接触ることはできない。そのため、目隠しをしたメンバーは、他のメンバーからのアドバイスの声に頼るしかない。目隠しをしたメンバーがフィールド上のものや他のメンバーに触れるとやり直し。

ゴールしたらメンバーを交代し、時間内に何人ゴールできるかを競う。

マインドフィールドは、指示の出し方で成否に大きく差が出るアクティビティですから、いかに状況に応じた効果的なコミュニケーションを行うかがポイントとなります。チームが機能するために、また、課題を達成するために、コミュニケーションスキルを使う必要があります。

最初は何人もの人が一度に指示を送ってしまいますが、それでは情報を受け取る側が混乱することがわかり、声を出す人、情報を整理する人などに役割が自然と分担されていきます。

細かい人は「右に5センチ、前に3センチ」とか、「2時の方向に」と言ったりして、単語の選択や伝え方にも個性が出てくるのが特徴のアクティビティです。

●コミュニケーションブロック

方法：いくつかのチームに分かれ、一人が指示者となり、その他のメンバーはその指示のもと各ブロックデザインの作成にチャレンジする。指示者だけが完成例の写真を見ることができるが、メンバーの作業状況を見ることはできない。チームのメンバーは、判定する人に「これで合っていますか?」と尋ねることだけはできるが、返答は「はい」か「いいえ」だけ。ひとつのデザインが完成したら、指示者は交代する。時間内にいくつデザインを完成させられるかを競う。

コミュニケーションブロックは、その名の通り、コミュニケーションを行って物事を完成させるアクティビティです。

相手にわかるように伝える能力がアップします。

言葉でブロックの形状を伝えるのはなかなか難しいので、参加者はだんだんイライラしていくことがよくあります。「それじゃわからないよ!」と口喧嘩がはじまってしまったりすることもありますが、誰がイライラしやすいかもわかるので、それはそれで構いません。

●ジャンピングジェンガ

方法：時間内にブロック状の積み木を引き抜いて上に積み重ねる個数を競う。その個数で各チームの得点が決まる。積み上げているメンバー以外は縄跳びでジャンプし続け、１個積み上げるごとにメンバーは交代する。上部に積み木を積み上げた後、５秒程度タワーが倒れなければその積み木はカウントされる。ジェンガが崩れてしまっても、時間内であればスタートの状態に戻して再スタートすることが可能。ただし、それ以前に積み上げた積木の数に加算はできない。

ジャンピングジェンガは、縄跳びを行って心拍数が上がった状態で、瞬時に冷静な判断をしなければいけないので、スポーツに通じるところが多いアクティビティです。スポーツの試合でも、自分のプレーがチームの勝敗を左右する状況のなか、心拍数が上がった状態でベストのパフォーマンスを発揮しなければならない、という場面はよくありますので、スポーツのチームに最適なアクティビティです。

◉パイプライン

方法：ハーフパイプの上に乗せたゴルフボールを、できるだけ多くバケツＡからバケツＢに移す。時間内にどれだけ移せるかを競います。ボールを持ったメンバーが次のメンバーにボールを渡したら、メンバーが並んだ列の先頭に移動してボールをリレーしていく。バケツからボールを取り出すとき以外ボールに触れることはできない。ボールが自分の担当範囲に来たときには足を動かしてはいけない。

同時に複数の場所で複数のメンバーがボールを運ぶことは禁止（バケツまで運べていないボールがある状態で次のボールを取り出すことはできない）。ボールを落としたり、身体の一部にでも触れたりすると、スタートのバケツAからやり直しとなる。

ボールは常に進行方向に進まなければならず、逆送は禁止。同時に複数のボールを運んでもOKだが、1個でも落としたらすべてのボールがノーカウントとなる。


コミュニケーションをとりながら、動きを柔軟に対応させることが必要となるアクティビティです。メンバー間の信頼感がなければ、ボールをゴールに運ぶことは難しいでしょう。

また、誰かが手を抜いたり、集中力を欠いたりしていると目的を達成できませんから、メンバーの協調性を育むことにもつながります。

◉ブル・リング

方法：ボールをプラスチックの筒の上に乗せ、筒に通したヒモの両端を6名のメンバーが両手で持って、ボールを落とさないようにバランスを取りながら、スタートからゴールまでボールを運ぶ。スタッフの指示に従って、用意されたコースのタイムトライアルに挑む。途中でボールを落としたら、その場所から再開。落とした回数はカウントされ、順位を決定する際の要素にしてもよい。

コミュニケーション能力と協調性が求められるアクティビティです。積極的にコミュニケーションを図り、メンバーの話に耳を傾け、困難な状況を乗り越えることが必要です。他のメンバーの声を聴くことと、情報共有のために何度も意見交換を繰り返すことが重要です。

課題達成後には、より効果的なコミュニケーションを、チームとして学んだと感じられるようになります。

パイプライン

ブル・リング

起こることすべてが学びになる

他のアクティビティもそうですが、とくにマインドフィールドやコミュニケーションブロックは、コミュニケーション能力を高める効果があります。

仕事もスポーツも人間同士の営みなので、コミュニケーション能力を高めることは非常に重要です。上司や監督コーチは、「コミュニケーションが足りないんだ。もっとコミュニケーションを取りなさい」とメンバーに言うのですが、言われたほうは何をどのように口に出したらいいかわかっていないことが多いのです。

そもそもコミュニケーションには、言語によるものと、非言語によるものがあります。アクティビティでは返答に「はい・いいえ」しか使ってはいけないものもあります。そのときには非言語能力が鍛えられることになります。たとえば、表情やジェスチャーなどですね。これも自分の考えや思っていることを伝える際に有効な手段になりますから、高めておくことに越したことはありません。

アクティビティの中で、言語によるコミュニケーションを行うときには、みんなが一斉にしゃべってしまうと情報の受け手は混乱してしまいますから、話の交通整理をする司会者のような人が必要です。

また、「伝えるのはあなたね」「伝え手にアイデアを伝えるのはあなたね」というふうに役割分担を仕切る人、実際にアイデアを出す人、伝える人というふうに役割分担することの必要性にも気づきます。

相手によりきちんと伝えるためにはどうすればいいのかを、そこに参加している人たちみんなで考えていく必要があります。

何でもそうですが、複数のメンバーで共同作業を行うと、多くの場合、手を抜く人が出てきます。これは「社会的手抜き」と呼ばれていますが、能力の高い人に頼ってしまうのです。そういう面が人間にはあるのだと理解することが大切です。

また、手抜きをする人が一定でないこともわかります。ある作業においてはAさんが手を抜いてBさんが一生懸命やっているのが、別の作業においてはそれが逆になることもよくあります。それによって個人の特性や興味・関心なども知ることができます。

共通の目標に向かって複数の人が協力しようとするときに起こる出来事のなかに学びがあるので、うまくいかなくても落胆したり、悩んだりする必要はありません。いろいろな課題が浮かび上がることをポジティブに捉えてください。

テレワーク時代のアクティビティ

アクティビティは対面で行うことが前提で、軽作業からちょっと汗をかくぐらい体を動かすものがベストですが、昨今はテレワークを行う企業が増えてきました。したがって、ビデオ通話システムを使ったアクティビティでもコミュニケーションが活発に行われるようなものであれば、効果があると考えます。

たとえば、条件を与えたうえで、スタート時とゴール時の状況を決めておき、その過程について自由にストーリーを構築して語ってもらうといったものが考えられます。

たとえば、「無人島に10人いて、1年後に生き残っていたのは2人だけだった。8人に何が起きたのか？」という状況を提示して、自由にストーリーを考えてもらい、1時間後に披露し合うのです。

誰が話してもいいというアクティビティだと発言しない人が出てきますから、できるだけ全員が参加して、お互いに発言できるようなものを考えてもいいでしょう。「アクティビティを考えるアクティビティ」も、ビデオ通話に適しているかもしれません。

アクティビティのなかで自分が役に立ったと実感できて、喜びを得られることも大事な要素です。これを「心理的な報酬を得る」という言い方をします。

現代の仕事は、効率的であることを企図しているために専門的に細分化されており、自分の仕事の貢献度を実感することが少なくなっています。

本人が自ら感じることは難しいので、上司が部下の貢献度に気づいたりして「君のおかげでうまくいったよ」と伝えることが重要です。

日頃から「あなたはこんなふうに役に立ってくれているんだよ、ありがとう」と言うだけでも、メンバーのモチベーションは高まります。日本人はあまり感謝の言葉を表現しないのですが、わかってくれて当たり前と思わずに、言葉にすることが重要だと実感するという、上司側の学びにもつながるということもありえます。

アクティビティでは、役に立ったと実感することで喜びが得られることを、下の立場の人も気づくことになります。たとえ誰かから褒められなくても、自分で貢献できていることに気づいて実感し、自らを奮い立たせていくことのきっかけにすることもできるでしょう。

観察の手法

アクティビティとフォローアップの次は、アクティビティ同様に形成期から実行期まで継続して行う観察とアドバイスについて、より具体的にその手法を解説していきたいと思います。

チームビルディングのなかで、アクティビティよりもかなりコーチングの要素が強くなってくるのが観察とアドバイスです。上司や監督・コーチの腕の見せ所です。

私がコーチングの重要性に気づいたのは、やはりアメリカで暮らしていた時代でした。選手としてコーチと接したり、スカウトとして同僚のコーチたちの様子を見たりするなかから、彼らの手法について学びました。

また、自らコーチングに関係するような書籍を片っ端から読んでもいきました。

神経学や生理学、脳科学などの書籍は、コーチングにつながる有益な情報がたくさんありましたし、動物の行動学なども含めて広く学んだので、どういう環境で育ったらどういう人間に育つのかなどがよくわかるようになりました。


上司や監督・コーチといった指導者がコーチングするときには、まずはメンバーをよく観察することが必要です。

顔を見ていたら「よく眠れなかったんだな」というぐらいのことは誰でもわかるでしょうが、それも観察しようという気がなければ気づきません。観察しようという気があれば、「何か悩んでいるな」とか「納得していないな」ということも次第にわかってきます。

理由はそれぞれですから、「あまり寝ていないんじゃないか、今日は早めに切り上げよう」と提案することもできます。

それを多くの人は「お前、どうせ昨日夜ふかししたんだろう」というように負のほうの想像力しか働かせません。そして、問答無用で叱るケースが多いのです。

あなたが指導者の立場にあるなら、遅刻した人に対しては、まず「何か事情があるんじゃないか？」「理由があるんじゃない？」と問いましょう。もしくは日頃の様子からして、詮索してほしくないという雰囲気を発していることもあるかもしれません。そういうときはそっとしておいてあげることです。

そうして探ってくれるような上司は、下の立場からすると、とても頼もしく見えるはずです。

観察のときに重要なのは、相手を見ながら想像力を膨らませて、あらゆる選択肢を想定することです。

先の例で言えば、「相手が遅刻した理由」を30個考えてみてください。

「夜更かしをしていたから」
「目覚まし時計が鳴らなかった」
「電車が遅延した」

これらは誰でも思いつく範囲ですが、他にも考えられるはずです。

「集合時間を間違えた」
「着ていく服に迷っていた」
「親の病気の看護をしていた」

といった理由があったかもしれません。

なぜ夜更かしをしたのかについても、その中身はいろいろと分解できそうです。悩みがあって寝付けなかったとか、恋人と長電話していたとか、スマホゲームに熱中していたとか、考えてみるといろいろあるはずです。

アメリカでは、指導者に当たる人たちは、このように多角的に人を見ている人が多いように思います。人種のるつぼですから、共有している文化的背景が日本人同士に比べて非常に少ないため、**他者を理解するために多角的な視点で人を見る**というのが習慣になっている人が多いのではないかと考えています。

私がアメリカで出会った指導者たちも、白人や黒人、ヒスパニックやアジア人の区別なく、指導者は相手の事情を理解しようとすることに重きを置き、対応を変えていきます。十把一絡げにしないで、できるだけ個別の対応をしていこうという雰囲気があります。

一方で、日本人は文化的背景を多く共有できているために、「言わなくてもわかる」とか、「こういうことなんだろう」と決めつけてしまっていることが多いように思います。決めつけの結果、わかり合えない場面が多いのなら、そこを改善していく必要があります。

メンバーをどれだけ理解しているか

メンバーの個々の状態を見るのと同時に、チームがいまどういう状態なのかについても観察します。

観察・分析には相応の時間が必要です。数日でわかるほど人間というものは単純ではありません。判断されるほうとしても、それほど短い時間で判断されたくないはずです。

いまの時代は、早く結果を求められるので、結果を急ぎすぎて十分な時間をかけずに「できなかった」という決断を下してしまい、結果的に同じことを繰り返しています。

しかし、物事はそう簡単には変わっていきませんから、かける時間として相応の期間をみておく必要があります。

ある程度の時間をかけるのは、1年くらいは演技できる人がいるからでもあります。ネコをかぶっている人もいます。だからある程度の時間は必要なのですが、さすがに1年間などと悠長なことを言っていられない側面もあります。それでも最低でも数カ月は必要で、2～3週間ではまったく不可能です。

メンバーの特性を観察して、ある程度把握することができたら、指導者の立場にある人がメンバーのことをどれだけわかっているか、まず紙に書き出してみます。

頭の中にあっても書き出すのは難しいものです。内容を整理できていなければならないからです。

私の場合、MLB球団のスカウトをしていたときには、「スカウティングレポート」と称する選手のレポートシートがありました。その選手を見たことがない人がすべて理解できるくらいの精度を持って書かなければなりません。それが書けるかどうかでスカウトの力量の評価が決まってきます。

会社の中の人間関係で、「彼とはもう10年も付き合って、だいたいのことはわかっているから」という場合でも実は、全然知らなかったというケースがよくあります。「昼飯だって毎日のように一緒に食べているし」と言うのですが、相手が本当はイヤイヤついて行っているだけかもしれません。

指導者が何人かいれば、それぞれが書いた文章を共有したうえで、口頭でも一人の人間に対して何人かの意見を出しあいます。外に公表する必要はないので、Ａさんという人について自由に評してもらいます。

ある人について、２～３人に「彼の知っているところをすべて書いてください」と言って書かせたら、いいところも悪いところもまったく違うものが出てくるはずです。

たとえば上司なら上司、コーチならコーチ、監督なら監督、リーダーならリーダーが、**「知っているつもり」になっていることが最も危険**です。「そう言われてみれば、よく知らない」というほうがまだいいくらいです。

最初は人を評価して文章にすることが難しいかもしれませんが、それも、続けていけばだんだんと上達していくものです。

私がスカウトだったときもそうでした。最初、最も苦労したのはスカウティングレポートでした。ＭＬＢ球団ならどこでも、スカウトが視察した選手の評価をスカウティングレポートにまとめて提出し、それを根拠に、その選手を獲得するかどうかチームの幹部が判断します。

初めの頃は、極端に言うと選手の名前くらいしか書けませんでした。生年月日と身長と体重、それに「いいピッチャーです」「いい選手です」ぐらいしか書けなかったものが、そのうち「どこがいいのか」「なぜいいと言えるのか」といった根拠が書けるようになっていきました。書けば書くほど、スカウティングレポートの質が上がっていきます。

レポートを書くときには必ず「数値化して評価すること」が求められました。たとえば打力を10段階で3という評価をしたならば、なぜ3と評価を下したのか、その根拠が求められます。それもA4用紙1枚に収めるわけです。

分厚い資料をつくるのは誰でもできますが、重要なポイントを押さえて書くには、本質的なところがわかっていないとできません。続けていくうちにその本質が見えてくるようになるものですから、まずは続けてみることです。

アドバイスの前のコミュニケーション

観察・分析を深めてアドバイスにつなげていくためには、「この人はこんな人かな」と分析するためのベースが必要です。そのためにメンバーとコミュニケーションを取る必要があります。

「私は小島と申します、どうぞよろしく」「これからこういうふうにやってチームを変えていこうと思うので、まずは普段どおりにしてください」からはじまります。

次にやるべきことは、意見のすり合わせです。

たとえば、50代の私が10代の子を教える場合、30年以上時間がずれています。いまの10代が送っている学校生活は私が三十数年前に過ごしたものと大きく違っているはずですから、同じものを見ても、感じること・考えることがまったく異なるはずです。

ですから、私はまず、観察してから「君にはどういうふうに見えてる？」「君はどう考えている？」ということを尋ねます。

野球を例に挙げると「ストライクが入らなかったのはどうしてだと思う？」というように、なるべく自己分析をさせたり、「うまくいっている部分とうまくいっていない部分がわかっているか」という具合に聞いてみたりします。

ビジネスでも同じように「君はどう考えてこの資料をつくったの？」とか、「私はこうしたほうが相手がわかりやすいと思うけど、君はどう思う？」という言い方にするとよいでしょう。

そうやってすり合わせしていくと、「この人はこういうものの捉え方をしているな」というのが見えてきます。

50代と20代では経験の量が違いますから、20代が悩んでいることも、50代の人はすでに経験しているのでちっぽけなことのように感じてしまいます。しかし、20代の人は人生でそのときはじめて経験しているので、「ちっぽけ」とは思えません。だから話が噛み合わないままなのです。

これを防ぐには、指導者とメンバーの間にある「物事の認知の差異」を、コミュニケーションによって埋めていくことです。これを行ってからでないと、この後に行うアドバイスは的外れなものになってしまいます。

アドバイスはタイミングが大事

観察して分析したら、今度はいよいよ実際にメンバーに対して働きかけていくフェーズとなります。

働きかけとしては当然、コミュニケーションとなります。つまり、アドバイスです。メンバーへのアドバイスは、「①タイミング」「②伝え方・言い方」がポイントです。

まずはタイミングです。

コーチが相手に何か伝えようとする場合、相手がコミュニケーションできる体勢になっているときに話しかけることが大切です。相手が受け取れる状態でないときは、どんなにいいことを言っても入っていきません。コップに水がいっぱいに入っているときにはそれ以上入らないのと同じです。このタイミングがわからない指導者が多いのです。

改善を求める場合はとくにそうです。「言われなくてもわかっている」ということがありますし、落ち込んでいるときに言っても、耳に入らないばかりか下手をすると反発を招きます。

相手の状態がよいとき、落ち込んでいる状態から回復気配のときに言うのです。

逆に**最もまずいのは「失敗の直後に指摘すること」**です。相手が落ち込んでいるときは失敗を指摘する必要はありません。落ち込んでいるということは、自分の失敗を自覚しているからです。

指摘する必要があるのは、相手が自覚していないとき。たとえば、些末な話ですが、遅刻を軽く見ている人はたまにいます。言葉では謝罪するのですが、本心では悪いと思っていないケースです。そういう場合は指摘して、本人に事の重大さをわかってもらう必要があります。

相手が失敗を自覚している場合は、相手の聞き入れ体勢ができているときに、「あのときの失敗について、どう考えている？」と尋ねます。そして、何がよくなかったのかその原因について聞き、これから改善すべき点について一緒に考えていくようにします。

逆に、失敗したことについてすぐに怒ってほしい人もいます。何も言われないと無視されているようで不安になるからです。

なかには、怒られたほうが、その場で終わるからラクだというマインドの人さえいます。そういう人は、怒られたことでその場は終わってしまい、自分で何も考えないので、次にまた同じ失敗を繰り返します。

こういう人にはあえて何も言わないでおきます。言葉を口に出すだけが指導ではありません。**何も言わないでおくのも、ある意味でのコミュニケーション**なのです。

「私だったらこのタイミングで言うけどな」とか「私は平気でそういう言葉を使うよ」という考えもあるかもしれませんが、それで相手の様子がどうだったかが大事です。そして、朝言ったのはタイミングが悪かったと感じたなら、なぜ朝に言ったタイミングが悪かったのか考え、「今度は昼食後に言ってみよう」などと反省して、次のコミュニケーションのときに活かすことです。

伝え方・言い方のコツ

次に伝え方・言い方です。

これについては単純です。自分がされて、あるいは言われてイヤなことを言わなければいい。それだけです。

「自分が基準でいいのか」と思われるかもしれませんが、それでいいのです。

なぜなら、相手が何を言ったらイヤな気分になるかは、本当のところはわからないからです。

たとえば、「最近、痩せましたね」と褒めたつもりでも、最近、太ったなと自覚している人なら「当てつけかよ」と思う場合もあります。相手がどう思うかは、こちらはコントロールできません。だから、自分が基準にならざるを得ないのです。

しかし、「自分の基準」というのはそれほど的外れではないはずです。多くの人は、言われて嫌な言い方はしないようにするものです。

言葉の選び方も同じです。単語ひとつとってみても、同じ単語に対してポジティブなイメージを持っている人もいれば、ネガティブなイメージを持っている人もいます。

たとえば、「繊細」なんかがそうですね。男性に「〇〇さんって、繊細なんですね」と言うと、ある人は細やかな神経の持ち主だと褒められた気になりますが、ある人はナイーブで傷つきやすい人なんだと思われていると感じてマイナスに受け取ってしまいます。

上司だって一人の人間ですから、伝え方は千差万別であってもよく、「必ずこうでなければいけない」というものはありません。

大事なのは言い方で、その言葉を使った結果、相手がどのように感じたか、よく観察しておくことです。

観察して、あまりいい顔をしていなかったら、「伝え方がまずかったかな」「言葉がよくなかったかな」と考えてみることです。そして、その際の雰囲気や空気を読み取ることです。

言い方が当たっているのかどうか、効いているのかどうか。観察して、反応を見ていく。そういう場をどんどん経験していけば、肌感覚でわかるようになります。

ですから、中間管理職をはじめ部下を持つ人たちで、それをわかろうとしない人は、そもそもいまの地位にいてはいけません。

最近は、子育てでもしきりに「褒めて伸ばす」ということがありますが、ただ褒めればいいというものではありません。

昔の日本が褒めなさすぎたので、振り子が反対に振れて過剰に「褒めましょう」となり、超過保護大国ニッポンが出来上がったのですが、いまは逆に褒めすぎな気がします。あまり考えすぎず、もっと普通に褒めるべきところは褒める、叱るところは叱るでいいのです。

いま、たとえば男性上司が女性に「今日のその服、素敵ですね」と言ったら、場合によってはセクハラになるようですが、人と人との会話ですから、本当にそう思うのなら、そういうふうに言えるのがよい関係です。

「セクハラだ」と言われる場合、そもそもそれ以前の人間関係がうまくいっていないからそうなるのです。人間関係がうまくいっていれば、「髪切ったの？」ぐらいのことではセクハラうんぬんという話にはならないはずです。

そもそもの人間関係がうまくいっていないのが問題なのに、「そんなことでセクハラになるの?」と言ってみても、まったく噛み合ってないことになります。

言われた言葉をそのまま受け取るのではなく、その裏にある**「相手の思い」を想像して受け取ろうとする努力が必要**です。


そして、最も大切なのが、「どんな内容をアドバイスするか」ということです。

まず、分析の内容を説明してあげます。原因となっている要素がわかるように、起こったことを分解してあげるのです。

たとえば、先の遅刻の例でいえば、起きる時間が遅いのか、出発の準備が遅いのか、そもそも寝る時間が遅いのか、原因となっている要素の説明をします。

原因として当てはまりそうな要素が見えたら、どんな行動を改善したら遅刻しなくなるかの仮説を一緒に考えていきます。そして、仮説の行動を行った結果、どうなったかを一緒に振り返ります。

結果として改善が得られたなら、仮説が正しかったということになるので、そのまま継続していけばいいでしょう。改善しなかった場合は、別の仮説をまた一緒に考えていきます。

これを繰り返して、出来事が起こった本質的な要因を解明していきます。

このように観察・分析して、**コミュニケーションを取りながら、解決に向かっていく道筋を一緒に考えて実行に移させるのが指導者の役目**です。だからこそ指導者はメンバーのよき理解者であるべきなのです。

評価してポジションを与える

上司や指導者の大きな役割として「人材の配置」があります。

誰にどんな仕事・役割を任せるのか、ここも指導者の大きな腕の見せ所です。

たとえば1カ月間という期限を決め、それまでの観察・分析の結果でもって評価し、本人と面談をします。その結果で本人の意向や適性を見極めてポジションを与えたり、配置を変えたりするといったことを行ってもいいでしょう。

評価して、ポジションを決めるときには、厳しい判断になります。強い組織をつくるのであれば、その場にはその人は必要ないという場合もあります。

たとえば、野球の場合でも「監督とエースピッチャーを代えたら強くなる」ということがあり得ます。もちろん、その理由は筋の通ったものでなければなりません。好き嫌いではなく論理的なものである必要があります。

「彼に任せとけば大丈夫」というのであれば、何が大丈夫なのか根拠が求められます。当然ながら、「いい大学を出ているから」といった理由は通じません。

まずは上司や指導者が、それぞれのメンバーについて、「自分はこう理解している」というのを書き出していきます。メンバーそれぞれの特徴を挙げたとき、ポジティブな内容が多い人がチームのなかに半分以上はいてほしいところですが、すべてをそんな人で揃える必要はありません。

優秀な人だけを集めても素晴らしい結果が得られるわけではなく、まだ能力の低い人、物足りない人も必要です。まだ能力の低い人、物足りない人も、ポジティブな評価をされる人と一緒にいると、つられて成長していくことが十分あり得ます。

優秀な人ばかりだとそのなかに優劣ができ、プライドが邪魔したり、変なところで意地を張ったりする人も出てきたりしてひとつのチームとしてまとまらないということがよくあります。本当に優秀な人は、10人のチームなら２～３人いれば十分でしょう。

ビジネスの場合でも会社内で、「人事評価」が行われると思いますが、その精度を上げていかなければなりません。

単純な話、遅刻するかどうかの話にしても遅刻しなければいいのではなく、「朝からしっかり仕事ができる状態になっているのかどうか」が大事なことです。

時間に間に合っても身だしなみが整っていなかったり、「仕事に取り掛かれる状態」になっていなければ意味がありません。**表面的でなく、その質を見ていくことが大切**です。

正しいポジションを与えているか

評価してポジションを与えたら、その差配が正しかったかどうか常に検証します。人は常に変化しますから、それを捉えてまた適切な場に異動させていくようにします。

まずそもそも人間というものをどのように捉えるかが問題です。

優秀な人とそうでない人と普通の人がいて、すべての人をそのように3タイプとかにラベリングするのがいまの社会です。現実として、就職試験でA・B・Cの3段階で評価している会社は多いのではないでしょうか。

ただ、その段階での評価はあるとしても、人間は変化していきますから、A評価の人がC評価になることもあれば、C評価の人がずっとそのままではなく、A評価に成長していくことだってあります。

ですから、「人の能力にはデコボコがあって、みんな何かしら得意で、何かしら不得意であり、それがみんな違っているだけなのだ」という人間に対する根本的な理解が必要です。

逆にいえば、人にはみな何かしら能力があって、適切なポジションを与えられれば、その人は必ず伸びていくのです。ダメな人がどこに行ってもダメなわけではない。ふさわしい場所に行けば成長できるのだということです。

こうした場所のことをアメリカでは「Right Position（正しい場所）」と言います。正しい場所に人を配置することこそ重要なのです。

これはたとえば、植物でも同じことが言えますね。日光が好きな植物は一日に一回は陽の当たる場所に出してあげないと枯れてしまいます。しかし、一方で日陰を好む植物もいます。そういう植物は逆に日光に当てると弱ってしまいます。

人間でも同じではないでしょうか。人前に出ることを得意としている、好きだという人がいる一方で、人前に出ることがストレスだという人もいるわけです。そういうタイプの人を人前に出すようなポジションにすると苦しみます。

「こんな檜舞台は、お前の一生に一回のチャンスだぞ」とか言われたところで、やる気にならないどころか、苦痛でしかありません。

私にも経験があります。

小学校のときの学級委員の選考のときでした。小学生レベルだと、元気で運動神経のいい子が学級委員に推されるということがありますが、私がまさにそのタイプでした。先生が「学級委員、やりたい人？」といって、「なんでお前、手を挙げないんだ？」と私に言うのです。

ところが、私はリーダータイプではないと思っていたので、前面に出ていくことは苦手でしかありませんでした。それをわからない教師から職員室で説得されました。それでも私は頑として「学級委員はやりません」とずっと拒否していました。

リーダーを自らやりたいタイプの人もいれば、そうでない人もいる。人前に出たい人もいれば、そうでない人もいます。それをわからない先生は、自分だけの感覚で物を言うので困ります。

こういう場合、もしやってほしいのであれば、それなりの話をするべきです。「学級委員をやってもらいたいと思っているんだけど、どうかな」と言って相手の感じを探っていく。「ぼくなんかそんな器じゃないから嫌です」と言われてもすぐに引き下がるのではなく、「いや、私がこう言うのにはこういう意味がある。だからやってもらえないか」と話をすればいい。「それなら、やってみます」と言うこともあるでしょう。そこのコミュニケーションが欠けている組織が多いのです。

ビジネスの現場でも、チームのビジョンやパーソナルのビジョンを見せて、「チームや個人の成長のために、引き受けてもらいたい」と話をすればいいのです。最終的には本人の事情もあるでしょうが、少なくともそこにビジョンがあれば、話は通じるはずなのです。

新しい自分に出会わせる

人間というのは、自分さえもよくわからないものです。自分がどのような才能を持っているかがわからなかったり、一方でそれが歳をとってからわかることもあります。どんなものが好きなのかわかりませんし、それは生涯変わる可能性のあるものです。

できることだけをやっていたら成長しませんし、好きなことだけをやっていたら新たな自分には出会えません。だから、本当にイヤだと思うものや、続けていたら病気になってしまうこと以外には、積極的に関わっていくことが大切です。

「最初、営業はイヤだと思っていたけど、やってみたらおもしろかった」
「人前で話すのが苦痛だったけど、最近は気持ちよくなってきた」

という人はたくさんいます。最初から「ちょっとイヤだな」と言って逃げ回っていたら、自分の新しい能力や嗜好に気づけなかったでしょう。

やってみてメンタルに不調をきたすようなら、周囲に早めに相談してポジションを変更してもらうことです。チャレンジした結果そうなったのなら、誰もその人を責めません。

ポジションを与える人は、本当にその人がイヤだと思っているのか、口ではそう言っているだけなのかを見極めなければいけません。

「いやいやぼくなんて……」と口では言っていても人前に出すと急に生き生きする人がいます。そこはリーダーの人を見極める資質が求められるところです。言行一致する人なのか、そうでないのか。言葉や表情に出るものだけでない部分も感じ取れるようになる必要があります。

アクティビティを行うと、そのヒントが出てきます。

「あいつは普段は全然しゃべらないのに、アクティビティになった瞬間にみんなを仕切るな」といった特性を見極めることです。

指導者は、メンバーに対して「新しい自分に出会わせてあげる手伝い」をする役割も担っていることを自覚してほしいと思います。

そうして**メンバーが成長していけば、当然、組織としても成長し、目標に近づいていく**はずです。

第4章

対談：
日本は「遅れ」を取り戻さなければならない

若山裕晃（四日市大学教授）
小島圭市（C3.Japan代表）

C3.Japanは、MLBに20年近くスカウトやアドバイザーとして関わってきた小島圭市氏と、四日市大学で教鞭を採る若山裕晃教授が互いの理念に共鳴してはじまった。奇しくも同年齢の二人には「アメリカに比べて遅れている日本のスポーツ界に対する問題意識」にも共通するものがあった。日本のスポーツ界の未来を見据えて二人が存分に語り合った。

若山裕晃

1968年7月16日生まれ。愛知県出身。中京高校(現・中京大中京高校)、明治大学、東海理化の各野球部に所属。競技引退後、中京大学大学院体育学研究科へ進学、博士(体育学)を取得。現在、四日市大学総合政策学部教授を務める。スポーツ心理学を駆使し、明治大学野球部、NTT東日本野球部などでメンタルトレーナーとしての指導実績がある。

若山氏との出会い

小島　若山さんは中京高校（現・中京大中京高校）、明治大学という名門で野球を続けられてきて、社会人でもプレーされたんですよね。

若山　はい。社会人では5年ほどプレイヤーとして活動しました。当時はバブルがはじけて企業チームがどんどん削減されていく状況で、5年目はコーチ兼任ということでやらせてもらいました。

私はもともとあまりメンタル的に強くないなというのを自覚していて、自分で本を読んだりして独学でメンタルに関する知識を学んではいたんです。コーチ兼任になったときにはすでに、自分自身のプレイヤーとしてのメンタル面の課題とか、コーチという立場からチーム全体に科学的にアプローチしていったらどうなるかということに関心がありました。

そんなときにチームに不協和音が出るようになって、監督と選手の間でちょっとした事件が起こってしまったんです。

小島　野球界のあるあるですよね。

若山　私はコーチという中間管理職的な立場だったので、監督と選手の間を取り持とうとしたのですが、うまくいかず、スタッフが総入れ替えとなりました。野球部から離れることになって、そのまま会社にいてもよかったのですが、野球をするために入社したような会社だったため迷いました。

　科学的な見地からスポーツを学ぶ、とくに心理学を学ぶことに自分の中ですごくやりがいを感じていたし、興味がありました。スポーツ心理学、メンタルトレーニングなどの勉強会に参加していくなかで、本格的に学問の世界で勉強したい思いが強くなり、会社を辞めて大学院で学び直すことにしたのです。

　いまでこそスポーツでもメンタルの重要性が認識されていますが、20年以上前はまだまだメンタルに対する取り組みは日本では遅れていました。とくに野球界はあまりそうした取り組みが導入されていなかったので、自分としてもやりがいのある分野だと思ったのです。

小島　私と若山さんに共通の友人がいて、若山さんは私のことをその人から伝え聞いていたんでしたね?

若山　ええ。その話がすごくおもしろくて、一度、小島さんとはお会いしたいなとはずっと前から思っていたんです。そこへたまたま小島さんがコーチングセミナーをやるという話を聞いたので、すぐ行くことにしました。その前に食事でもしましょうということになって、その共通の友人から紹介してもらったのが２０１２年のことでしたよね。

小島　若山さんの問題意識としては、チームビルディングとかコーチングというよりもまずスポーツ心理学のほうに興味があったんですね。

若山　スポーツ心理学に関心を持って関連書籍を読むなかで、やはり先進的な取り組みをしていたのはアメリカであることがわかっていました。それと比べると、自分が指導された経験からも日本の野球界の指導力は本当にひどいというのを感じてもいました。日本がかなり遅れてしまっていることを学ぶほどに痛感するようになったのです。

小島　なるほど。

若山　メンタルトレーニングを行って個人のメンタル面のスキルを高めていこうとしたとき、そこをきちんと理解してくれる指導者がいないと、選手も集中して取り組めません。たとえば、気持ちを切り替えましょうという話になったときに、スキル的にはいったん意識の集中を解くために自分で見る場所を決めておいて、目線をそらして気持ちを一度リセットするという手法があります。ところが、監督がそうしたことを理解していないと、「何よそ見してるんだ、集中しろ！」と投手を叱責してしまったりします。私がアドバイザーになっていたチームで実際そういうことがありました。

選手から「ぼくらより監督・コーチのメンタルトレーニングをしてくださいよ」と言われたことが何度もありました。そんな問題意識を小島さんに話していたら、お互いに非常に共感しまして、一緒に活動させてもらっているという感じです。

トレーニングを受けない指導者

小島　私と若山さんは年齢も一緒で、子どものころからの野球界の時代的な雰囲気も同じものを感じて育ってきていますよね。若山さんはずっと名門校だけど。

若山　この学校に行ったら3年で1回は甲子園に行けるだろうと思って選んだ高校だったのですが、結果的には1回も行けなかった。そういう年代は非常に雑に扱われるんですね。理不尽な上下関係の世界でがんばってきたのに全然報われない。そんななかでちょっとひねくれた性格になっている部分もあるのですが、科学的な思考には批判精神みたいなものも必要ですから、いまにつながっているのかなという気がします。

小島　指導者の考え方とか科学的なトレーニングとか指導法だとか、そういうところの意識が変わっていない理由についてはどう考えますか？

若山　企業だと職制に応じて研修がありますよね。それなりの規模の会社なら管理職になるときにそうした研修は必ず受けるはずです。ところが、日本の野球界は指導者になるのに専門的なトレーニングを受けることがありません。元プロの人がアマチュア選手を指導できるようになりましたけど、指導資格を取るために必要なのはたった2日間の研修だけです。

小島　イチローさんが２０１９年の年末に受けていたものですね。私も受けましたが、まあ内容的には充実しているとは言いがたい。寝ている者もいたので、ＮＰＢ（日本野球機構）のスタッフに「あれを認めていいの？ あんな人が子どもを教えに行ったら子どもがかわいそうですよ？」と言ったら、「おっしゃるとおりです」と言うのですが、つまみ出されるわけではない。自動車教習所は寝ていたらハンコを押してくれませんから、教習所よりひどいですよ。

若山　そういう事例ひとつとってもわかるように、選手としてのキャリア重視で、学ぶ意欲は問わないから、自己研鑽《けんさん》の意欲が低い人も指導者になれてしまう。その結果、損をするのは選手です。被害者はいつも選手なんです。

小島　意欲もないし、方法論も持たない。ちょっと意識がある人は、本を読んだりして少しは勉強するかもしれないけれど、大半は自分たちが育ってきた指導法を踏襲するしかない。おっしゃるようにその結果、被害を受けるのはいつも選手（子ども）です。

若山　日本のスポーツ界は、スポーツ科学など学問・研究領域のエビデンスを現場に還元していくアプローチの仕方に問題があるように思います。

私が大学でスポーツ心理学を学んだときの担当教授は、その世界では第一人者なのですが、選手としてのキャリアはないんです。そういう人が現場に指導に行ったとき、ミスマッチが起きることが少なくありません。

日本では学術分野とスポーツの現場で情報や人の行き来がもっと活発になってもいいと思います。やはり研究の成果がそのまま現場に落とせるわけではないですから。そこをもっと工夫していかないと、現場からは机上論として片づけられてしまいます。

小島　一方で、現場のほうは「選手経験もないのに何がわかるんだ」とはねつけてしまい、学術分野の知見を取り入れていこうという意欲がない。

若山　そうですね。私が学術の世界に入ったのは二十数年前ですが、アメリカではすでに野球界でいわゆるメンタル面を指導する専門家が多くのＭＬＢのチームに携わっていました。いま大谷翔平選手が在籍しているロサンゼルス・エンジェルスでも非常に著名なスポーツ心理学の先生がメンタルの指導を行っていました。当時のアナハイム・エンジェルスに在籍していた長谷川滋利選手も積極的に指導を受けていたようです。その先生が日本に講演に来て、お話しさせていただく機会がありました。エンジェルスのホームゲームのときはチームを訪問して、選手のリクエストに応じてアドバイスを送っているとのことでした。いまはすべての球団でメンタル面を指導する常駐の専門家・コーチがいるようです。

日本の場合は、常勤のメンタルトレーナーやコーチを置いている球団は聞いたことがありません。私の知る限りでは一部の球団がシーズンはじめに、新人選手にメンタル面の研修会をするとか、専門家がファームに足を運んでファームの選手と話をする程度です。

メンタル以外の科学でも、最近はＩＴを駆使したデータ化・数値化の技術が進んでいるのですが、現場はその技術・数字を活用しきれていないという話も聞きます。指導者たちが「偉い人」になってしまっているから「知らない。教えて」と言えないんですね。

小島　企業でも同じ構造があるのですが、マネジメント層が変われないと、その会社は没落していくしかありません。しかし、スポーツチームの場合、とくにプロ野球は、旧態依然でも国内市場だけを相手にしている場合は存続できてしまう。だから本来変わらなければならない人たちも変わらずに在籍し続けることができます。勝てるチームは１チームだけだから、負けたからといって毎年スタッフを総とっかえすることはできない。メディアも取材できなくなるとまずいから問題を指摘できない。そもそも現場は隠蔽体質で事なかれ主義。内部は恐怖政治だから、言いたいことも言えません。

若山　競技の能力だけで指導的立場になっている。プレイヤーとしてそこまでのレベルまで到達したのに加えて、なぜそれができたかをわかりやすく伝えるすべを持っていれば、すごくいいコーチになると思うんですよね。でも、できない人に対して自分がちょっと手本を見せて、「こうやってやるんだよ、なんでお前できないんだよ」という人がとても多い。そんなのコーチングでもなんでもありません。

指導者が権力者になっている

小島　年功序列がよくないですよね。企業内でもそれがまだまだあって、年齢が上がっていくと役職も上がっていく。時間が経って自分が上に行くまで我慢していようと考え、権力を持った瞬間に積年のストレスを晴らすように独裁政治をやろうとする。部活動の先輩・後輩の構図と一緒です。

若山　そうですね。野球界はとくに指導者になった途端にすごく「偉い人」になってしまうケースが多いです。本来、指導者と選手は上下関係ではなく、対等であるべきなんです。それが日本では完全に上下関係、それもかなり強めの上下関係になってしまっています。選手としてのキャリアはあるかもしれないけれど、指導者としては初心者なのに「すごく偉い人」になってしまう。野球界はとくにひどいなと思いますね。

若い人がへりくだった態度を取ると、「あいつは世の中わかってるね」みたいな変な評価のされ方をする。反対にちょっと生意気だと出る杭を打とうとする。抑圧されている選手側も、「この人にはこう接しておけば大丈夫」という変な対処法を学んでいる。でも、それって心からのコミュニケーションではないじゃないですか。

小島　私はずっとそうでしたね。末っ子だったので人を見て育ってきている。この人はこれをやったら怒る、こういうふうに言ったら喜ぶというのをわかって付き合っていた。学生時代からプロに入ってもずっとそうだった。それではダメだと思い、実際に行動に移しました。

若山　私がいま教員という立場から、そうして育った子たちの「仕上がり」を見ていると、部活動の指導者に対してはすごく礼儀正しいのに、授業中はそういうのが見られない。損得勘定をして相手への対応を変えているんです。

小島　本当、そうですよ。被害者はいつも子ども、選手なんですけど、彼らは指導者をバカにしている。表面では服従しているようでもね。監督がいる前では挨拶とか「ハイッ！」と返事するけれど、いなくなった途端にダラダラしはじめます。名門といわれている野球部でさえ、いや、名門ほどそうなんです。

若山　何のためにスポーツをやるのか。全員が巨万の富を稼げるような一流アスリートになるわけではないのだから、やはり人間形成は大事な部分だと思います。でもそこが抜けているんじゃないか。

私が視察に行かせてもらったMLBの球団では、球団の歴史や文化を学ぶところからチームビルディングをはじめます。日本とアプローチがまったく違う。日本の場合、まず新人が入ってきたら、「そこらへんで声出しとけ」ですから。「それが終わったらグラウンド20周走っとけ」。何のためにそれをやるのか考えていない。だから全然育成になっていないんです。

小島　歴史や文化より、序列や「誰がボスか」を教えることに熱心です。「俺は偉いんだぞ」ってね。

若山　同じ野球を見ていても、こっちの野球とアメリカの野球では本当に空気が違う。差が縮まるどころかどんどん開いていますよ。よく小島さんと「30年は遅れてるね」という話をしますよね。

小島　私がスカウトで回っていたときは、その「空気」の違いはいつも感じていました。たとえば、わかりやすい例として、生徒が何度も挨拶しにくるので、「ぼくには挨拶いらないよ」といっても、「いえ、しないと怒られるので」と言うのです。とにかく「見かけたら挨拶」が基本。だから一時も気が抜けない。かわいそうですよ。

若山　同じメーカーの服を着せたりとか、道具を使わせたりとか。選手が望んでいないのに監督が強制するのもよくありますよね。

小島　それればかりですよ。何のメーカーを着たっていいじゃないですか。1つのスポーツメーカーに絞ってチーム全員に使わせることにすると言って、その1つの座をメーカー各社に競わせているんですよ。スポーツメーカーの担当者はいろんな意味で監督を接待するという……。子どもを商売の道具に使って儲けているのです。

若山　指導者が権力者になってしまっていることが問題です。日本のあるプロ球団で長い間監督を勤められた方の退任会見で、すごく印象に残った言葉があるんです。「辞任を決めた一番の理由はなんですか」と訊かれて、「いつまでも権力の座についているのはいかがなものかと思った」と言ったんです。監督は権力者だという自覚があるんですね。

小島　そこをそもそも間違えています。

若山　ＭＬＢ球団の監督で、自分は権力を持っているという自覚のある人はいるのでしょうか。多少あったとしても言わないでしょうね。

小島　彼らが意識しているのは権力ではなく権限。「ヘッドコーチはここまでの権限で、GMはここまでの権限がある」。そういう言い方をしますね。

ピッチングコーチがバッターにアドバイスしようとしていたら、すぐに「お前の仕事じゃない」と言われます。自分の権限のなかで仕事をするのが当たり前。日本だと監督はどこにでも入ってくる。「全権監督」なんですね。一度、権力を握ったらやめられなくなるでしょうね。

若山　権力が集中しすぎるのはどんな分野でもよくない。とくに人事権は大きい。生殺与奪の権限を持っていることで人をコントロールできてしまいますから。コーチになれる人はコーチングスキルを評価されているわけではなく、監督に気に入られているかどうかのほうが重要。処世術に長けた人がコーチになることで不利益をこうむるのは選手です。一般の企業とかでもそういう事例はあるのかもしれませんが、野球界はそれが異常に多いような気がします。

科学的なアプローチの必要性

小島　チームビルディングというのは当然、1人ではできません。何人もの人がつくり上げていくというものに、とっくに変わってきてるんです。

若山　根性や気合でもいいと思うんですよ。でも、根性も気合も、人によって適切なレベルが違う。気合が入りすぎると力みになるし、気合を入れたつもりでガチガチになって「お前、力みすぎだ」と言って怒られるんです。「リラックスしろ」と言われて、脱力していると今度はダラダラするなと叱られる。適正なレベルを自分でわかるようにしてあげることこそが指導者の役目なんです。「こうしてみたら？」とアドバイスするタイミングもありますよね。絶好調でうまくいっているときには誰も話は聞かない。すべてを気合とか根性とか執念といったワードに集約せずに、いろんな言葉で心理面を語る指導者がいいですね。

小島　どの指導者も人間的には多分いい人なんですけど、視点が野球界にしかない。C3.Japanが主催するC3カフェでスポーツ界の人を招いて対談するのに、サッカーやラグビーの方にも来てもらったんですけど、ワールドワイドな視点を持っているからおもしろかったですね。

若山　栄養学の先生の話も興味深かった。

小島　いまいるプロ野球の人たちに心理学を学べなどとは言えないですけど、子どもを持つ親御さんには子どもをどんな指導者に預けるかを考えてほしいですね。私は指導者を批判したいわけじゃなくて、選手を、子どもを守りたい、成長させてあげたいだけなのです。

若山　私も日本の野球界に、形は違うけれども関わってきている人間なので、なんとか改善したいという思いはあるんです。あるんですけど、なかなか難しい。そんなこと言ってたら自分の寿命がいくらあっても足りないくらい根が深い気がしますね。

小島　子どもも親もいま、「これまで当たり前だった野球チームの姿」でないものをすごく求めている気がするんですよ。親は朝から晩までお茶汲みをやらされて、監督・コーチから親が悪いって言われて。活躍しなかったら他の親からも何か言われたりとか。それを見ている子どももいい気はしないですよ。野球関係者は野球の競技人口が減っているのを、少子化を理由にしていますが、実はそれ以上に減っているんです。そこに危機感を持たないといけない。

若山　これだけ暴力はダメだとあらゆる方面から言われているのに、無記名のアンケートを取ると、「やっぱり必要だ」みたいなことを書く人もいまだにいます。学生たちのなかにも何人か毎年、「体罰が必要な場合もあると思います」と書いてくる人がいます。そういう思考にさせられてしまっている。恐ろしいですよ。

小島　いまはダメなんじゃなくて、昔からダメなんですよ。「本質的にダメなんだ」ということがわかってない。

若山　２０１３年だったかな。大阪の桜宮高校でバスケットボール部の主将だった生徒が顧問教師からの暴力を受けて自殺してしまった事件がありました。それに絡めて、高野連がアンケートを取ったことがありました。その時の結果として、「体罰は必要だと思う」と答えた監督・指導者が９・３％いました。私の感覚としては意外と少ないなというのと、正直だなという感想を持ちましたが、それ以上に「アンケートの回答率が１００％」であったことに衝撃を受けました。アンケート調査で１００％の回答率って、ありえないですよ。私も研究でアンケート調査はやりますが、それでも回収率が60～70％もいけばありがたいと思うぐらいです。それだけ高野連というのは彼らにとって怖い存在だというか、コントロールされている組織ということなんですね。

日本のスポーツ界には心理学が入りにくい？

若山　日本は中学・高校ぐらいから「1つの種目しか選択できないようなシステム」になっているのも弊害が多いと感じます。スポーツ科学を専門とする大学の先生たちは、甲子園のアルプススタンドでベンチに入れなかった選手たちがずらっと並んで座っているのを見て、「宝の持ち腐れみたいな光景だよね」とよく話すんです。きっと他の競技をやったりしたら、あるいは他のチームへ行ったりしたら開花するかもしれない才能が相当埋もれているはずだと。

小島　中学・高校で部活を抜けようとすると、脱藩者のごとく扱われてしまう。場合によってはいじめの対象になってしまう。

若山　負け犬扱いみたいなね。シーズンスポーツ制じゃないですけど、同じ選手が夏は野球をやって、冬はラグビーのゲームに出てもいいというシステムがあってもいいかなと思うんですけどね。「○○一筋」が美徳のように受け取られる風潮があります。1つの大会で

1000球投げたとか。報じるメディアの側も問題ありますね。

普段の指導のなかで監督・コーチが心理的なことを結構しゃべるんですよね。「根性が足りない」とか「気合が足りないんだ」とか「俺の時代は血尿出して初めて一人前って言われたんだ」とかね（笑）　そこに我々みたいな科学的なアプローチを持ち出すと、監督・コーチにとって都合の悪いことを言ってしまうわけです。

たとえば「楽しんでやろう」とか「エンジョイしないとだめだよ」「リラックスしようね」など。もし監督が「石にかじりついてでも、死んでも勝つんだ」という教えをしていたとしたら、それは受け入れがたいことになります。日本の場合は、科学的なこと、とくに心理学的なことは入りにくい土壌があると感じますね。指導者が精神論を語りたがりますし、監督が言っていることにはすべてイエスと言わないとダメ、みたいな雰囲気に満ちていますから。

スポーツだから勝ち負けが当然あって、負けたらその敗因を分析して、その要因についてトレーニングするのが正しい姿です。ところが、試合に負けたら監督が罰として走らせて学校まで帰るというのをいまだにやっている。もしそれが正しいのなら、負けた原因が「ランニング不足」ということになってしまう。そういうこと1つ取ってみても、指導者さんたちの勉強不足のおかげで科学的トレーニングが入りにくいという気はしますね。昔よりだいぶマシにはなってきていますが。

小島　表に出る形が変わってきている気がするんですよね。それはもっと水面下に隠れたのか。ぼくらの時代だったら、口で言ってわからないやつは殴ればいいと思っている指導者が結構いた。いまはそれがダメだから、試合に出さないとか、違う形でどんどん見えない形で制裁を加えている。

若山　大学の教員になってから、ある高校の野球チームをサポートしていたことがありました。うまく勝ち上がって、選抜大会、いわゆる春の甲子園に出場したんですね。初戦に勝って、2回戦で負けてしまった。そしたら、その時のエースピッチャーについて監督から「いやもう若山くん、いいから。これからあいつのこと甘やかさないでくれ」と言われてしまいました。

小島　それは若山さんにジェラシーもあったんじゃないですか。自分がコントロールできなかったことを、うまくいって、甲子園に出たこともわかっているんだけど、負けるときってピッチャーが打たれて負けるわけだから、「あんたが甘やかしてるからだよ」っていうのに結びつけたんですよ。自分の責任逃れをしたかったんでしょう。

若山　日本は報道も監督が言っていることが中心ですね。野球中継を見ていても、やたらと監督が映っている時間が長いですよ。

小島　やっぱり監督は、「やるのは選手です」と言わなきゃいけない。よく言われますが、「負けたら監督の責任、勝ったら選手のおかげ」と言える指導者でないといけません。

若山　そうですね。いまはスマホで世界中のノウハウにアクセスできる。学校の教育現場でも同じことが起きていて、下手すると学生のほうがある面では知っていることがあったりする。そのなかでも、「これは信頼できる情報か」ということの見極め方を教えていかないといけない。指導者は隣で並走する「伴走者」という言い方がいいかもしれない。

２０００年だったか、私が関わっている社会人の野球チームの選手が、オリンピックに出場しました。その選手に聞いたところによると、同じホテルに泊まっていたオーストラリアの選手の部屋を初老の男性が朝、ノックして訪ねて回っていたと言うんです。あとで球場に行ったら、相手チームのオーストラリア代表の監督だったという。日本の監督は絶対しないでしょう。

小島　だから小学生の段階からよい指導者のいるチームを探すことですよね。たとえば、東大や京大に入りたいと思ったら学習塾や予備校はどこでもいいってなりませんよね。スポーツも同じで、ひどい指導者のチームに入ると不幸になるだけですから、親が「いい指導者のいるチーム」を探してあげてほしいですね。

変化の兆しもあるにはある

若山　スポーツ心理学という分野に限って言えば、最近は優秀な人が海外でスポーツ心理学を学んで、戻ってきて活躍されているという事例は増えてきたかなという印象はありますね。けれども、メンタルトレーナーは誰でも名乗ることができ、ノウハウや方法論を持たない人もいて、しかも安くないお金を提示して営業していたりします。

小島　メディアを利用したりして立ち回りのうまい人がいるんですよね。

若山　私の感覚としては、学術的なバックグラウンドがないといけないと思っていて、自分でもそういう道を選んでやってきました。海外できちんと学んで帰国して活躍していらっしゃる人としては、私の友人でもあるんですけど、ロンドン五輪で女子バレーボールが28年ぶりにメダルを取ったときに、メンタルトレーナーとしてチームを支えた渡辺英児さんがいます。あと、C3カフェにも出演してもらった人で、2015年のラグビーW杯で、エディー・ジョーンズ前日本代表監督のときにメンタルトレーナーを務めた荒木香織さんなどがいます。

ただ、こうした人がチームに入っても、監督・コーチとメンタル面の重要性の共有ができていないと力を発揮できませんし、効果も上がりません。ちゃんと理解して導入すれば結果はついてくると思います。とくに野球チームであれば、きちんとやればかなりの確率でいい結果につながっていくのではないかと思います。

小島さんはアメリカの球団のアジア担当スカウトとして長年経験されてきて、選手の見方とか、科学的なことも体系的に学ばれていますよね。同じような問題意識も持っているし、何より現場をわかっているから指導がよい方向に向かうと思います。

小島　科学的な手法を取り入れて、成果が上がっている例としてはラグビーですね。

若山　ラグビーは、心理学は心理学で取り入れているし、データも活用しているし、フィジカルならフィジカルでどんな数値が、どんなプレーの時に効いてくるかわかったうえでトレーニングしているようですね。それがあるのとないのとでは、選手のトレーニングに対する姿勢が変わってくるのです。とくにラグビーはフィジカル面で結構厳しいトレーニングを重ねますから、それがないと続けられません。

小島　かつては大学ラグビーの人気がすさまじかったけど……。

若山　世界で勝てなかったので人気は右肩下がりになって。再び人気が出はじめたのは2015年にW杯で勝ちはじめてからですよね。ところが、野球は世界と戦っていないので、マーケット的にも国内だけでなんとかなってしまっています。

小島　個人的には、日本のプロ野球うんぬんではなく、新たな指導環境を求めている人のマーケットを開拓したいという思いがあります。やっぱり甲子園の名のもとに、教育とは言えないことがまかり通っている現実は変えなければなりません。

親の意識もそうです。野球をずっとやっていれば大学に行けるからというので、中学から強豪チームに入れる。すると補欠でも高校に推薦してくれるんですね。当然、お金は払うのですが。一流ではないけれど大学にも入れる。「うちの子はバカだからそれしかないんだ」と言って子どもが嫌がっても無理やり野球を続けさせるんです。ぼくはそれを聞いた時、もう本当にショックで。熱中しているものをとことんやらせるんだ、それが子どものためだという。でも、本当に子どものことを思うなら勉強もさせるべきですよ。

人生があってのスポーツであって、スポーツありきの人生じゃないんです。スポーツをやらなくても生きていけるんです。でも、勉強しなかったらいつまでも自立できずに年を重ねてしまう。大人になった時に子どもが苦しむんです。

貧困家庭の子は勉強できない、させてもらえないから貧困から抜け出せないという構図は世界中で共通です。でもたまに、「この生活が嫌だ」と言って必死に勉強して、貧困から抜け出せる人がいます。スポーツに打ち込むのはいいけれど、それは勉強をしないでいい理由にはならない。中学・高校時代は腰を据えて勉強できる唯一の時期なのですから、スポーツだけやっていればいいというのはあり得ません。まっとうな親はいまの野球界には子どもを入れたくないと思うはずですよ。

若山　いっとき高野連に所属しない高校野球部が出てきて話題になったんですけど、どうなっているんですかね。

小島　少し話題になって、マスコミも少しの間、取り上げるけれど、それっきりですね。親は結局、「高校の部活しか選択肢がないから入れる」という人ばかりです。「いい指導者がいるなら北海道でも沖縄でも引っ越してそこに子どもを入れたい」という相談も受けるのですが、私は「そんな学校は思いつかないです。ごめんなさい」というしかなかった。だからそういう組織・学校をつくりたいんですと言うと、「小島さん、早くつくってくださいと言われますね。変化の兆しがないわけではないんです。でも、学校をつくるためにはお金も人脈も場所も必要だから一朝一夕にはできない。でも、やり続けていればそれは必ず達成するから、このCJでやっていこうと思うんです。

若山　プロ野球の選手になるなら、甲子園を目指さなくてもいいわけで、中学を卒業した段階で海外にチャレンジしてもいいんですよね。サッカーやテニスは行かせてくれるのに野球は行かせてくれない。大人が止めてしまいますから。

小島　有望な子に甲子園を目指させてスターにする。それによる利益構造ができ上がっていて、子どもたちを商売のタネにしてしまっているんです。そこを打破するためにも、私たちは活動していくつもりです。

第5章

さらに強いチームをつくるために

指導者に求められる「不断に学ぶ姿勢」

これから真の意味で強いチームを目指すには、根本的にリーダーとメンバーの関係を考え直す必要があります。

これまでの上司は、自分のために部下を差配しているという側面が少なからずありました。自分の評価のために部下を使っていたのです。しかし、これからの上司は部下のためにポジションを決めていくことが必要です。「彼が成長するためにどのポジションを与えるべきか」と考えるべきなのです。

要は適材適所ということなのですが、一口にこう言ってもこれは大変難しい。でも、難しいからこそリーダーがやるのです。

だから、管理職にある人たちは、常に勉強しなければなりません。

とくに企業においては、**学ばない人は結局は自分の経験則でしか指導できませんから、すぐに限界が来てしまいます。**

「オレはこうやってきたから、お前もできるはずだ」とか、「このポジションやってみたら？　俺だったら絶対嬉しいけどな」と言っても意味はありません。　相手がどう感じるかが問題だからです。

「教えてあげているんだよ」という人がいますが、そういう人は人間の見方が一面的すぎます。会社でもチームでも、入ってきたその日から、「今後、チームや会社を背負っていく人間」なのですから、その人たちと一緒に成長していけることが大事です。

管理職の立場の人たちが、いま大変苦労していることはよくわかります。

暴力はもともとダメですが、言葉でもパワハラだと言われるようになり、途方に暮れている管理職は多いはずです。

パワハラだのセクハラだのといったハラスメントのケーススタディだけを学んでも、それらを防ぐことはできません。すでに述べられたように、ハラスメントは相手との関係性によって成立・不成立が変わってくるからです。

だからこそ「これを言ったらハラスメント」といった情報より、相手の関係性を重視することです。「なんでこんな面倒な時代になったんだ」と思う人もいるかもしれませんが、本来、人を育てるということは面倒くさいものです。でも、それだけにやりがいのあることでもあります。

1回言えばわかる人もいれば、10回言わないとわからない人もいます。「10回言わなければわからないからダメ」なのではなく、そういう人だとわかって接すること。そういう人にはそういう人向けの指導法というものがありますから、自分が受けてきた指導が正しくないのなら、学ぶしかありません。

方程式より本人を見よ

上司は有能なコーチである必要があります。

コーチングとはつまり、メンバーの個を確立するための働きかけ、方向づけです。「本人が自分自身を知るためのお手伝い」——それがコーチングです。

「オレが育てた」と言いたがる指導者がいますが、きっかけはそうでも、やはり本人が自分の力で育っているのです。もともと誰もが伸びしろを持って生まれてくる。そういう人間理解を持っていなければなりません。

もちろん、本人が「この人に育ててもらいました」と言って感謝するのはいいのですが、

「オレが育てた」と自慢する人はいいコーチになれません。
1回しか咲かない花もあれば、何回も咲く花もある。それは自分次第であって、植物みたいに種で決まっているわけではありません。もう一度輝こうと思ったら、何回でもできる。そのためにコーチングがあります。

本書では上司や指導者の「意識改革」の部分にとくにフォーカスしているのもあり、具体的なコーチングの手法については、あまり多くは触れていません。他の書籍では、もっと詳細に手法を紹介しているものもあります。

手法を学ぶことはとても人事なことではありますが、その手法に囚われないことが大事です。

心理学的な手法にしても、科学的に検証され、実証された理論はあります。しかし、その公式に当てはまらないからといって相手がおかしいわけではありません。

若い医者が患者の開腹手術をしたら、教科書通りに臓器が並んでいなかったので「この患者はおかしい」と言い放ったという笑い話にもならない怖い話がありますが、どんな仕事でもマニュアルに固執して目の前の人が見えなくなっては、いい仕事はできません。

目の前の相手に対応した方法を提示してあげられる人こそが、が本当に優秀な指導者で

す。理論で裏づけされた手法をベースにしながらも、目の前の人間を見て臨機応変に対応を変えられるようになると、よい指導者になれるはずです。

変化に強い組織にするために大切なこと

本書では、組織に所属するメンバー一人ひとりの「個」を確立するお手伝いをすることが、指導者の役割であると再三述べてきました。

心理学を用いて個を掘り起こしていくなどして、じっくり個人を見極めていくようなやり方は、時間がかかるし、面倒なものですから誰もがやりたがりません。

暴力・暴言で言うことを聞かせるほうが、ある程度のレベルまでは手っ取り早く結果が出せるのです。ところが、そんなやり方では、その先には絶対にいけません。

言われたことをただやるようなロボットになってしまった。そういう人たちだけが集まった組織は変化にもろいからです。そして、そもそもおもしろくありません。

これまでにも自然災害や感染症の蔓延、国際的な枠組みの変化などが起こってきましたが、それはこれからも起こります。そうした不測の事態に対応できるのは、自分の頭で考えて、自分の言葉で表現でき、行動できる、確立した「個」を持っている人の集まる集団だけです。

日本では「個」よりも「集団」を重視する教育になっているので、学校を出てから「個」を確立する作業はそれなりに大変です。

その点、欧米はもともと「個」を重視せざるを得ない体制です。

欧米は実力主義ですから、学校でも点が取れなければ小学生の段階から留年する制度になっている国もあります。日本だとかわいそうという話になるのですが、欧米では習熟度別に学びを提供するのが学校の役割だという考えがあります。「留年」というと残酷なように聞こえるのですが、見方によってはもう一度、学びなさいという話ですから、とてもフェアなやり方とも言えます。

結果が出なければ留年か同じ教室のままレベルを下げて勉強するかですから、子どもは自分の成績に責任を持つようになります。自分のための学びという意識が強いのです。

欧米では個人が社会の基本単位ですから多くの人が一個人として確立しています。自分で立つ、自分を律するという二つの面での「ジリツ」ができているのです。おそらくそれは、個人として尊重されて、子どもの頃から大人と対等に扱われてきているからです。

超過保護大国ニッポンでは、「子どもは教え込んでいかなければいけない未熟な存在で、子どもがどう育つのかは親の責任」という風潮があります。

親が子どもを自分の所有物のようにして育てるので、何でも教え込んでいき、子どもを一個人として扱わず、子どもに自ら考えさせるということをしません。

それがビジネスにおいても、指示待ちの大人や、自分がどうしたいかわからない大人を大量に生んでいるのです。このことは、いまだに変わらない学校教育と、学校と同じように教え込むだけの教育をしている家庭教育でも見られる問題です。

日本でも、個人が確立されていなければ集団になっても力が発揮されないのは、これまで述べてきた通りです。

もちろん、指示したことをやってくれる人も必要です。みんなが「それはやりたくない」と言ったらチームも会社も回りません。誰もがやりたがらないことをできる人や、嫌だと思いながらもできる人がいるのが強いチームです。

ただ、言われたままを何も考えずにやるのと、言われたことの意味を考えて自分なりに咀嚼し、納得してやるのとでは、結果はまったく違ったものになるでしょう。

ですから、言われたことをやるロボットだとしても、「考えるロボット」「納得するロボット」にならなければならないのです。

それに、そもそもかつてのように「黙ってこれをやっておけばいいんだ」と言っても人は動きません。「なんのためにやるのか」がないと、人は行動しなくなってきています。

人生にとっては無駄なことはひとつもありませんが、それはあとになって思うことで、そのときは無駄と思ってしまうことがあります。それを防ぐために、「これは何のためにやるのか」を明確化してあげることが上司や指導者の務めです。

目的が明確になると、個人がしっかりしていれば勝手に「自分の役割はこれだ」と決めて勝手に動きます。もちろん最初は指示されないと動けないでしょうから、そのときには「この目的のために、これをやろう」と方向性を示す必要があるのです。

目標設定のサポートをする

人生を俯瞰してみても、「いい家に住む」「いい車に乗る」といったことに価値を見出さない人も増えていますから、収入が増えるといっても見向きもしない人もいます。「学歴もいらないし、普通に食っていけたらいいです」という人は多いのです。それを「なんだ、草食だな！　夢を持てよ！」といっても通じません。いまの時代で育ってきた人がそう思うのだから仕方のないことです。

そういう人にはそういう人なりの目標や目的の提示の仕方があります。そこを見つける手伝いをするのが指導者の仕事です。いまは昔に比べてはるかに好きなことを仕事にできる時代になってきていて、それはこれからもどんどん加速していくはずですから、どんな目標や目的を持ってもいいのです。

とはいえ、なんとなく生きている人も多いので、そこへ何かくさびを打ち込むことが必要で、それが目標を設定することになると思います。スポーツのチームや会社の中では、組織の目標と個人の目標があり、個人の目標は自分で決めることです。

目標設定に関しては、私の場合、短期・中期・長期で目標を立てていくことを提案します。

たとえば、短期なら1年後、中期は5年後、長期は10年後という具合です。

目標を決められない人には、最初は問いかけが必要な場合がありますから、「君はどうしたいの？　何をしたいの？」と問いかけていくことです。Ｉ（私）が主役です。

「10年後、１００億円稼いで仕事もせずにハワイに住んでいます」といった途方もない夢でもなんでもいいのですが、自分で本気になって取り組める目標にすることです。

これからは誰でも好きなことを仕事にできる時代なのですから、趣味で稼げたらいいなと思う人はそれを目指せばいいし、趣味と仕事はきちんと分けたいという人はそのように動けばいい。「いまの時代、こうしなくちゃいけない」という商業的な提言が多くて、みんなそんな情報に惑わされています。そんなものは「そういう考えもあるか」というくらいに冷静に見ることです。

自分をどうするかという問題ですから、自分をしっかり持っていれば「どうすればいいか具体的に教えて？」「結局、何をやったらいいのか教えて？」とは問わなくなるはずです。

上司や指導者はそうしたメンバーそれぞれの人生の幸福まで考えてあげてほしいと思い

ます。メンバーの幸福度が上がってくれれば、それは必ず組織の力に反映されるはずです。

人と比べる必要もなく、長期計画で10年経ったら、「自分が一番楽しい人生を送っているな」と思えればいいのです。

だから、短期が1年でなくてもいいし、半年でも3年でもいい。長期が「死ぬときにはこういう状態になっていたい」というのでもいいのです。大事なことは「自分で決める」ことだけです。

そうして決めた目標に向かって行動するときに注意すべきなのは、一気に進めるのではなく、少しずつでいい、ということです。

拙速に進めると何回も失敗して成果が上がらず、結局こんなに時間がかかるんだなあと感じることはあらゆる場面であるでしょう。

ゆっくりやる。そして、うまくいかなかったら軌道修正する。すぐに結果を求めると、早急に「これは失敗だ」と判断を下してしまいます。うまくいかなくても諦めずに軌道修正を続けていくことです。そうすれば簡単に失敗とは言えなくなり、続けている間はずっと「成功する道の途中」となります。

人の成長には時間をかける

現場で実際に人を育成するということは時間がかかって当然ですから、根気よく続けていくことが必要です。コーチングは「step by step！（一歩ずつ着実に）」が基本です。

忍耐強くずっと見守っていなければ、メンバーが倒れるまで気づきません。病気で倒れるだけならまだしも、悪い場合には会社を辞めてしまったりします。

上司や指導者は、メンバーがどんな状態にあるのか、常に観察しておかなければなりません。仕事を嫌がっていないか、よく眠れているかどうか。「大丈夫です」という言葉を鵜呑みにせずに、言葉以外のものを感じ取る洞察力を鍛えておくべきです。

じっくり関係性をつくっていくには、相応の時間がかかります。私は1年を長期とは思いません。それほど簡単に人は変われないものです。かけるべき時間は必要で、その時間は価値のある時間であるという認識が必要なです。だから「step by step！」なのです。

物事が早く進むのは危険です。たとえば、交通事故も車や自転車のスピードが出ているから起きます。ビジネスにおいても、締め切り間際に急いでやってもいい成果は出ません。かけるべき時間はかけないと、物事は達成できないのです。焦ることや慌てるということが危険なのです。

選手を見ていても、もちろん人にもよりますが、だいたい慌てているときや平常心でないときには、動きが不必要に早くなります。そうしたときにメンタルスキルとして、ちょっと間を取ったり、ちょっと視線を外したり、深呼吸したりして、ゆっくり進めることで、落ち着いていい仕事ができるのです。

プロ野球のドラフト会議では「即戦力」が連呼されますね。時間をかけることが許されない現代社会を象徴しているように思えます。

企業でもすぐに即戦力を求めます。営業職をたくさん雇っておいて、成績が上がらなかったらすぐにクビにする。こういう企業はいまだに多いのです。

根を張る期間を許さないのが現代社会ですが、人の成長には時間がかかるものなのではないでしょうか。

植物も根をしっかり張っていないと、ちょっと風が吹いたら倒れてしまいます。

調子が悪いときは「いまはずっと根を張っているときだから、そのつもりで練習をやりなさい」と言えばいいのです。結果ばかり見ていると、結果が出ないとやる気もなくなって、ほかの遊びに目が向いたりするものです。

いまの結果に一喜一憂しない姿勢でいれば、結果が出ないときは「いまは根を張る時期」として捉えられます。

この人生１００年時代では20代、30代でうまくいかなくても、なんてことはありません。仮に30代で失敗しても、そこから60年あるのがいまの時代なのですから、焦る必要はまったくないのです。

環境だけ整えていけば、人間は自分で方向性を決められます。自分で決めてやるからこそ身につくし、上達も早いのです。

いまは親に決められたことをして生きている子が多いのです。子どもが自分で決めようと思っても、親がそれを許しません。

たとえば、朝起きられないからといって子どもを起こしている親も多いでしょう。でも、自分で起きないなら放っておけばいいのです。遅刻して困るのは本人です。困るのがイヤなら自分で起きるし、学校に行くのが必要だと思ったら勝手に自分で起きて行くはずです。

だから「学校に行くかどうか自分で決めなさい」とだけ言っておけばいい。それが環境を整えることになるのです。

社会人になっても、親が会社に電話して、「息子が風邪ひいたんで休みます」と連絡してくる家庭もあるそうです。

以前、海外でテロが頻発したとき、商社の人事担当者も「危険だから子どもを海外赴任させてないでくれと会社に電話をしてくる親がいる」と言っていました。これからはグローバル社会だからと子どものころから英語を習わせて、いざ社会人になったら海外に行かせるなというのはいかにも勝手です。気持ちはわかりますが、それも本人が決めればいいことです。

それもこれも、繰り返すように、子どもを自分の所有物と思っている親が多いからなのです。子どもは子どもで別人格なのですし、別の人生を歩みます。親が強制して何かをやらせることはできません。

親や指導者はあくまでも子どもがやりたいことをできるための環境を整えるサポート役であることです。

人が最も能力を発揮でき、成長していけるときは、押し付けられたものをイヤイヤやっているときではなく、自分で決めてやろうと思ったときです。自分で決めたことだからこそ、覚悟を持って取り組みます。そうなると集中力が違います。押し付けは人の成長にとって非常にマイナスです。

そして、本人が自分で決めたことを尊重して、環境を整えてあげることこそ、リーダーや周囲の人ができることです。環境さえ整えば人は勝手に育ちます。それだけでいいのです。

これからの日本は優秀な「リーダー」がより求められるようになっていくでしょう。リーダーとは、指導者という意味であり、「リーディングパーソン」の意味でもあります。私はC3.Japanを通して、現状に満足しない人たちが真のリーダーとして成長していくそのお手伝いをしていきたいと思います。

▼参考文献

『アメリカ海軍に学ぶ「最強チーム」の作り方　一人ひとりの能力を100％高めるマネジメント術』マイケル・アブラショフ［著］吉越浩一郎［訳・解説］三笠書房　2015年

『トップアスリート量産地に学ぶ　最高の人材を見いだす技術』ラスムス・アンカーセン［著］清水由貴子／磯川典子［訳］CCCメディアハウス　2012年

『脳の中の身体地図　ボディ・マップのおかげで、たいていのことがうまくいくわけ』サンドラ・ブレイクスリー／マシュー・ブレイクスリー［著］小松淳子［訳］インターシフト　2009年

『影響力の正体　説得力のカラクリを心理学があばく』ロバート・B・チャルディーニ［著］岩田佳代子［訳］SBクリエイティブ　2013年

『影響力の武器　なぜ、人は動かされるのか』ロバート・B・チャルディーニ［著］社会行動研究所［訳］誠信書房　2014年

『アーセナル・ヴェンゲル　アーセナルの真実』ジョン・クロス［著］岩崎晋也［訳］東洋館出版社　2016年

『ジダン監督のリーダー論　チャンピオンズリーグ3連覇の軌跡』ファアン・カルロス・クベイロ［著］タカ大丸［訳］扶桑社　2019年

『アレックス・ファーガソン自伝』アレックス・ファーガソン［著］小林玲子［訳］日本文芸社　2014年

『チームワークの教科書　ハーバード・ビジネス・レビュー　チームワーク論文ベスト10』ハーバード・ビジネス・レビュー編集部［編］DIAMONDハーバード・ビジネス・レビュー編集部［訳］ダイヤモンド社　2019年

『チームコーチング　集団の知恵と力を引き出す技術』ピーター・ホーキンズ［著］田近秀敏監［訳］英治出版　2012年

『見抜く力　夢を叶えるコーチング』平井伯昌［著］幻冬舎　2008年

『FCバルセロナ　常勝の組織学』ダミアン・ヒューズ［著］中竹竜二［解説］高取芳彦［訳］日経BP　2019年

『ティール組織　マネジメントの常識を覆す次世代型組織の出現』
フレデリック・ラルー［著］　鈴木立哉［訳］　英治出版　２０１８年
『スポーツ・コーチング学　指導理念からフィジカルトレーニングまで』
レイナー・マートン［著］　大森俊夫／山田茂監［訳］　大修館書店　２０１３年
『運命を拓く』　中村天風［著］　講談社　１９９８年
『ユルゲン・クロップ　選手、クラブ、サポーターすべてに愛される名将の哲学』
エルマー・ネーヴェリング［著］　鈴木亮平［監修］　大山雅也［訳］　イースト・プレス　２０１９年
『コーチングのすべて　その成り立ち・流派・理論から実践の指針まで』
ジョセフ・オコナー／アンドレア・ラゲス［著］　杉井要一郎［訳］　英治出版　２０１２年
『隠れた人材価値　高業績を続ける組織の秘密』
チャールズ・オライリー／ジェフリー・フェファー［著］　長谷川喜一郎［監修・解説］　廣田里子／有賀裕子［訳］　翔泳社　２００２年
『メタ認知　学習力を支える高次認知機能』　三宮真智子［編著］　北大路書房　２００８年
『コーチングが人を活かす　やる気と能力を引き出す最新のコミュニケーション技術』
鈴木義幸［著］　ディスカヴァー・トゥエンティワン　２０００年
『フット×ブレインの思考法　日本のサッカーが世界一になるための26の提言』
テレビ東京 FOOT×BRAINプロジェクト［編］　文藝春秋　２０１４年
『覇者の条件　組織を成功に導く12のグラウンド・ルール』
ジョー・トーリ／ヘンリー・ドレイアー［著］　北代晋一［訳］　実業之日本社　２００３年
『常勝キャプテンの法則　スポーツに学ぶ最強のリーダー』
サム・ウォーカー［著］　近藤隆文［訳］　早川書房　２０１８年
『Foundations of Sport and Exercise Psychology』
Weinberg, R. S.／Gould, D.　Human Kinetics: Champaign, IL. 2003

【著者略歴】

小島 圭市（こじま・けいいち）

C3.Japan合同会社 代表

1968年神奈川県川崎市生まれ。東海大学付属高輪台高等学校卒業後、読売巨人軍に入団。1996年MLBテキサスレンジャーズとマイナー契約。1997年傘下チームのフロリダとオクラホマでプレー。その後中日ドラゴンズ、台湾プロ野球興農ブルズでプレー。2000年に現役引退を決意。LAドジャースからスカウトの打診を受け、同年からMLB LAドジャースのアジア担当スカウトを13年間務め、アマチュア選手の獲得にも積極的に活動。プロでは、斎藤隆投手や黒田博樹投手の獲得に関わる。その後、ビジネス業界に転身し、現在はC3.Japan合同会社の代表を務める。

C3.Japan ウェブサイト
https://c3japan.co.jp

協力：若山裕晃（四日市大学教授）

C3《シースリー》 チームビルディング

2021年 4月21日 初版発行

発行 株式会社クロスメディア・パブリッシング

発行者 小早川 幸一郎

〒151-0051 東京都渋谷区千駄ヶ谷 4-20-3 東栄神宮外苑ビル

https://www.cm-publishing.co.jp

■本の内容に関するお問い合わせ先 …………………… TEL (03)5413-3140／FAX (03)5413-3141

発売 株式会社インプレス

〒101-0051 東京都千代田区神田神保町一丁目105番地

■乱丁本・落丁本などのお問い合わせ先 ……………… TEL (03)6837-5016／FAX (03)6837-5023

service@impress.co.jp

（受付時間 10:00～12:00、13:00～17:00 土日・祝日を除く）

※古書店で購入されたものについてはお取り替えできません

■書店／販売店のご注文窓口

株式会社インプレス 受注センター ………………… TEL (048)449-8040／FAX (048)449-8041

株式会社インプレス 出版営業部 ………………………………………… TEL (03)6837-4635

ブックデザイン cmD

DTP 内山瑠希乃・小曽川美香

印刷・製本 株式会社シナノ

編集協力 岸川貴文

ISBN 978-4-295-40523-8 C2034